おしゃれ大好き！
何着よう、どれつけよう

おしゃれ くうかん

ワンピース（12 ページ）

ワンピース（12 ページ）

女の子（14〜17 ページ）
ワンピース（13 ページ）

ワンピース（13 ページ）

バスケット（18〜19 ページ）

バラの小箱（20 ページ）

ダリア⇔ひまわり（21 ページ）

新作家シリーズ2

リラックス くうかん

ソファがわたしの指定席。

ソファ（24～25ページ）　テーブル（23ページ）

バラ（32～33ページ）

変わり折鶴（22ページ）

わたしのペット

ねこ（28～29ページ）

いぬ（26～27ページ）

りす（30～31ページ）

新作家シリーズ2

ナチュラル くうかん

バード ウォッチング

オナガ（36～38 ページ）

シジュウカラ（34～35 ページ）

カワセミ（39～41 ページ）

ちいさないきもの

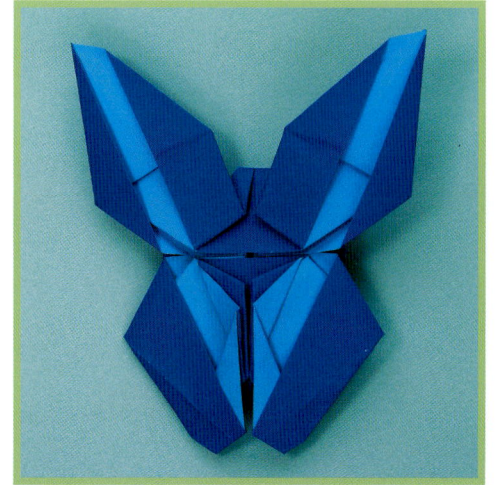

アオスジアゲハ（63～65 ページ）

タガメ（66～69 ページ）

新作家シリーズ2

ナチュラル くうかん

アライグマ（50〜52ページ）

キリン（42〜45ページ）

野生動物

コアラ（48〜49ページ）

コモドオオトカゲ（46〜47ページ）

新作家シリーズ2

ナチュラル くうかん

海洋生物

イロワケイルカ（56〜57ページ）

ペンギン（58〜59ページ）　　オットセイ（62ページ）

アザラシ
（60〜61ページ）

生きた化石

カブトガニ
（53〜55ページ）

エキサイト くうかん

迫力の恐竜ジオラマ！

スピノサウルス（78〜80ページ）

トリケラトプス（74〜77ページ）

太古の動物

マンモス（70〜73ページ）

新作家シリーズ2

エキサイト くうかん
レーシングカーは走る芸術品！

レーシングカー（88～94ページ）

フォーミュラニッポンのマーク
（95ページ）

２輪車もかっこいい！

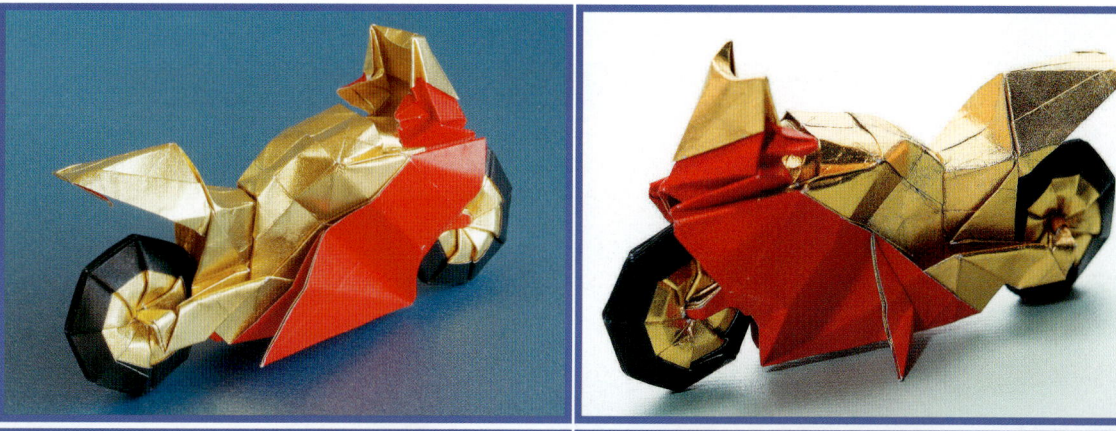

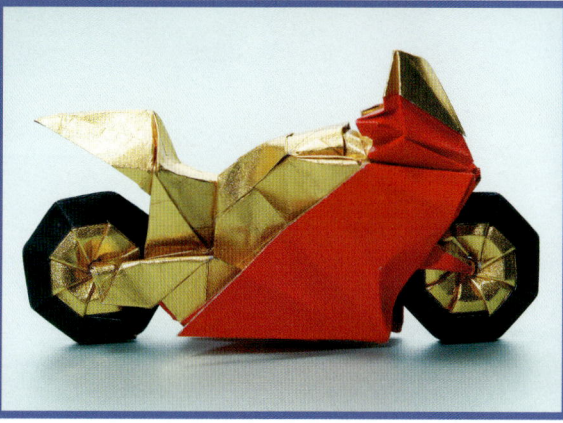

オートバイ（81～87ページ）

エキサイト くうかん

スペースシャトル帰還

スペースシャトル（96〜99ページ）

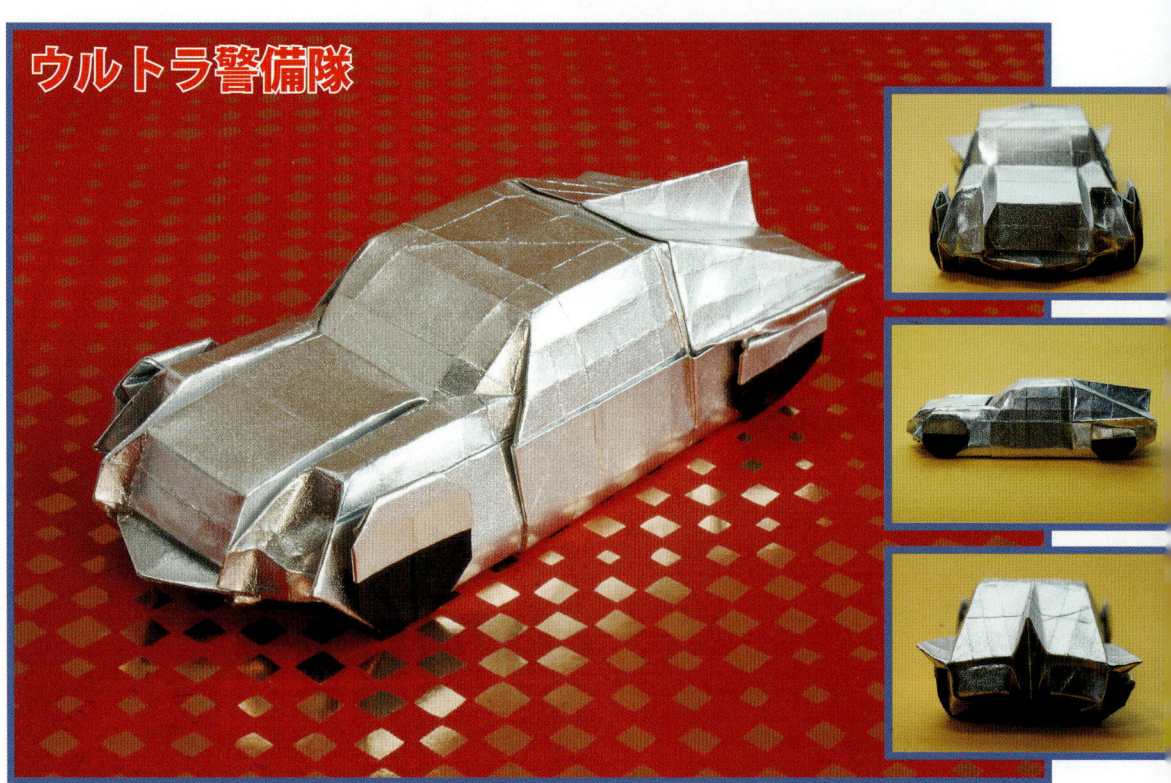

ウルトラ警備隊

© 円谷プロ　　ポインター（100〜102ページ）

新作家シリーズ2

おりがみ くうかん

あおき りょう

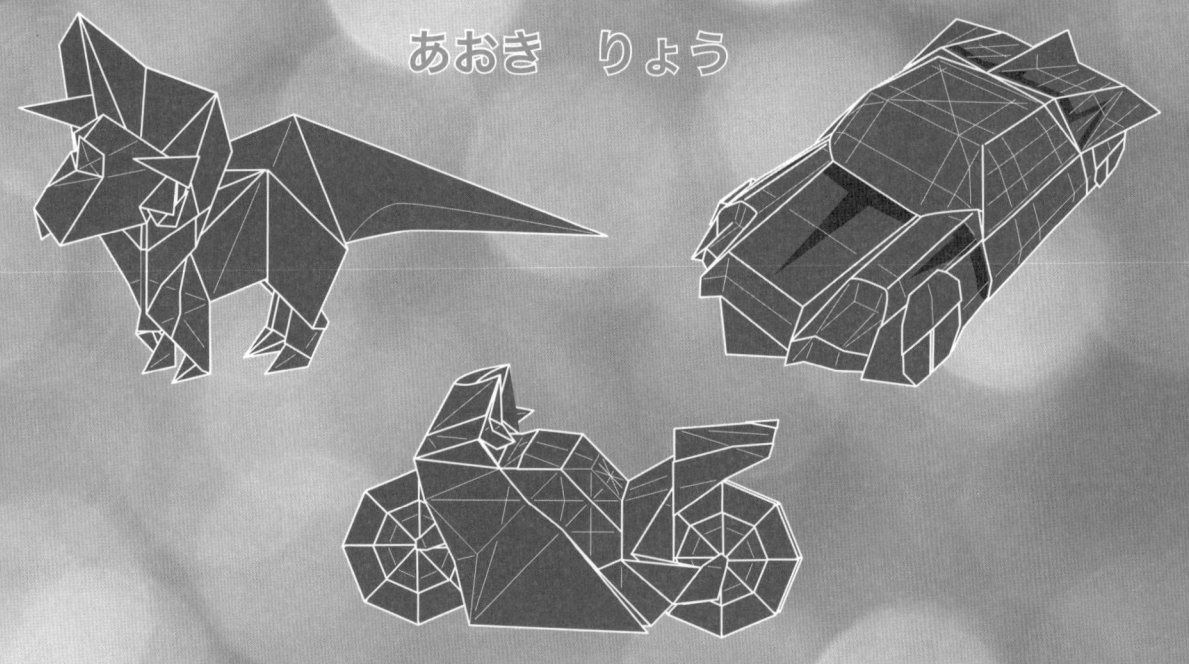

おしゃれ・リラックス・ナチュラル・エキサイトな、「折り紙空間」へようこそ！
自動車などメカニカルな作品、恐竜、動物、昆虫や、女の子向けのかわいい作品も
得意とする、青木 良さんの多岐にわたる作風を、本書で存分に味わってください。
折りごたえのある作品も多いですが、それだけ完成のよろこびもひとしおです！（編集部）

《はじめに》

　今回はじめて、単独で創作作品を発表する機会をいただき、とてもうれしく思っています。

　この本のお話をいただいたとき、青木伸雄編集長は、私が以前、"「折りすじこそが美しい」と作風を語っていたという記憶があり、立体的で、かつエッジが立っている、という「らしさ」を読者に伝えたい"ということでした。私自身は、そんな発言はすっかり忘れてしまっていて、「エッジ」といえば、チープトリックのスタンディング・オン・ジ・エッジというアルバムがあったなあと思ったり、あらためて、「折りすじ」とか「エッジが立っている」という言葉にわくわくしてしまいました。

　続けていれば、いいことがありますね。やめろといわれてもやめられないんですが。

　この本を出版するにあたって、ご協力くださったみなさまに感謝します。

　　　　　　　　　　　　　　　　　青木　良

《自己紹介》
青木　良（あおき　りょう）
1965 年神奈川県鎌倉市生まれ。
関東学院大学経済学部経済学科卒業。
1978 年頃から、創作をはじめる。

《趣味》
音楽鑑賞、Ｆ１ＧＰテレビ観戦

新作家シリーズ2

もくじ

11	▶折り始める前に	

第1章 〜おしゃれ くうかん〜

12-13	▶ワンピース	
14-17	▶女の子	
18-19	▶バスケット	
20	▶バラの小箱	
21	▶ダリア⇔ひまわり	

第2章 〜リラックス くうかん〜

22	▶変わり折鶴	
23	▶テーブル	
24-25	▶ソファ	
26-27	▶いぬ	
28-29	▶ねこ	
30-31	▶りす	
32-33	▶バラ	

第3章 〜ナチュラル くうかん〜

34-35	▶シジュウカラ	
36-38	▶オナガ	

使用する基本形

39-41	▶カワセミ	
42-45	▶キリン	
46-47	▶コモドオオトカゲ	
48-49	▶コアラ	
50-52	▶アライグマ	
53-55	▶カブトガニ	
56-57	▶イロワケイルカ	
58-59	▶ペンギン	
60-61	▶アザラシ	
62	▶オットセイ	
63-65	▶アオスジアゲハ	
66-69	▶タガメ	

第4章 〜エキサイト くうかん〜

70-73	▶マンモス	
74-77	▶トリケラトプス	
78-80	▶スピノサウルス	
81-87	▶オートバイ	
88-94	▶レーシングカー	
95	▶フォーミュラニッポンのマーク	
96-99	▶スペースシャトル	
100-102	▶ポインター	
103	▶日本折紙協会案内	

新作家シリーズ2

折り始める前に

折り方の記号 / SYMBOLS

折り紙を折る前に記号をおぼえましょう

谷折り
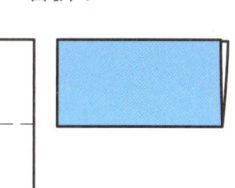
VALLEY FOLD

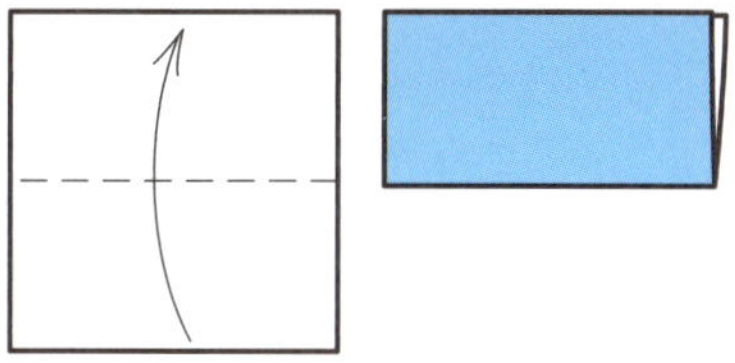

折りすじをつける
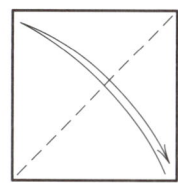
FOLD AND UNFOLD TO CREASE

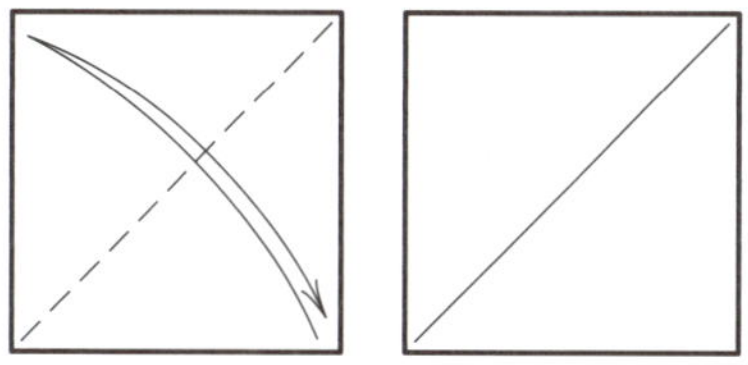

仮想線（かくれているところや次の形などをあらわす）
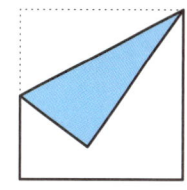
IMAGINARY LINE

山折り
MOUNTAIN FOLD

まくように折る
FOLD OVER AND OVER

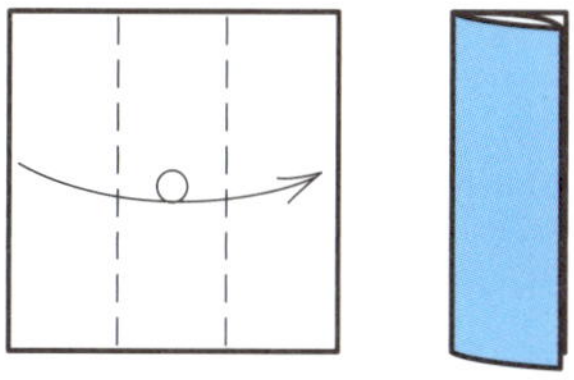

切りこみをいれる
CUT

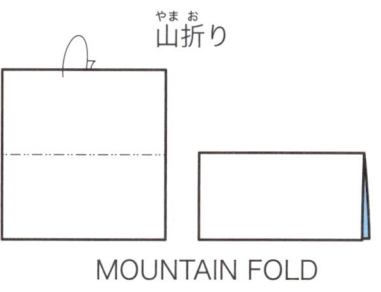
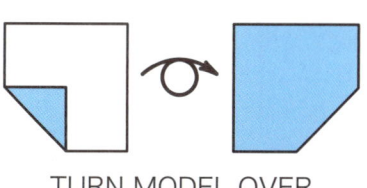
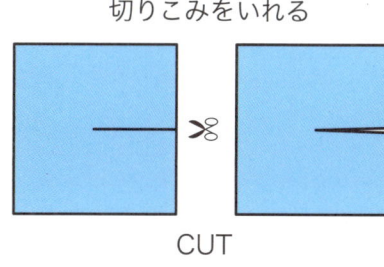

段折り
FOLD AND UNFOLD

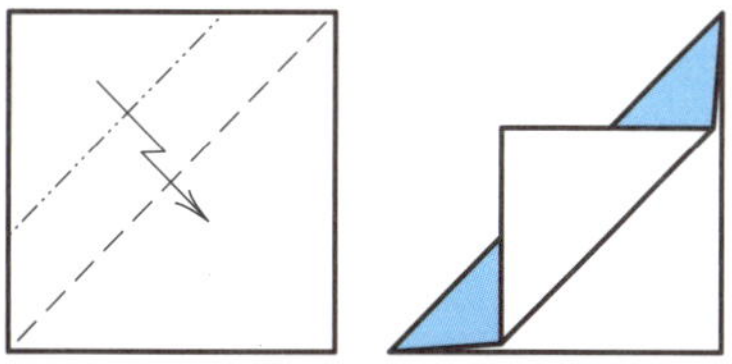

うらがえす（天地はかわりません）
TURN MODEL OVER

中わり折り
INSIDE REVERSE FOLD

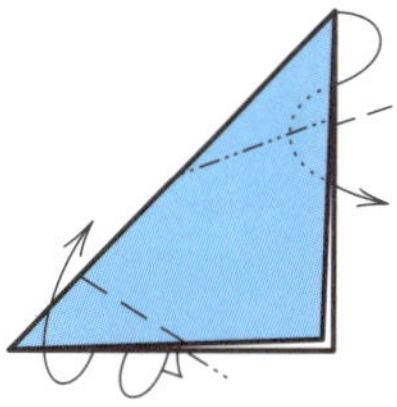

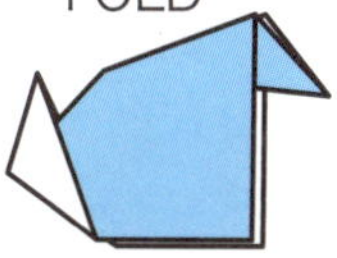

かぶせ折り
OUTSIDE REVERSE FOLD

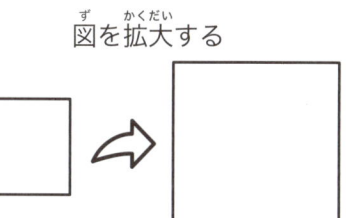
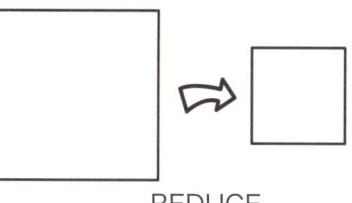
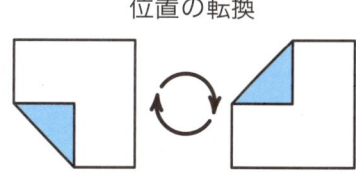

図を拡大する
ENLARGE

図を縮小する
REDUCE

位置の転換
TURN THE MODEL

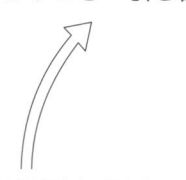

- おもてに折る — FOLD IN FRONT
- うらに折る — FOLD BEHIND
- さしこむ・引き出す — INSERT・PULL OUT
- ひらく — OPEN
- つぶす／押しこむ — SQUASH PUSH IN
- ふくらます — BLOW UP

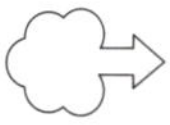

新作家シリーズ2

ワンピース

One-piece

図⑤がポイントです。図⑥の形から、いろいろな洋服を折ることが出来ます。

使用枚数：各1枚／正方形

ワンピースA・B One-piece

はじめに「かんのん基本形」を折ります

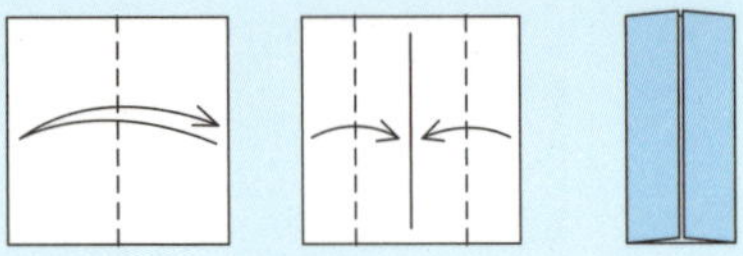

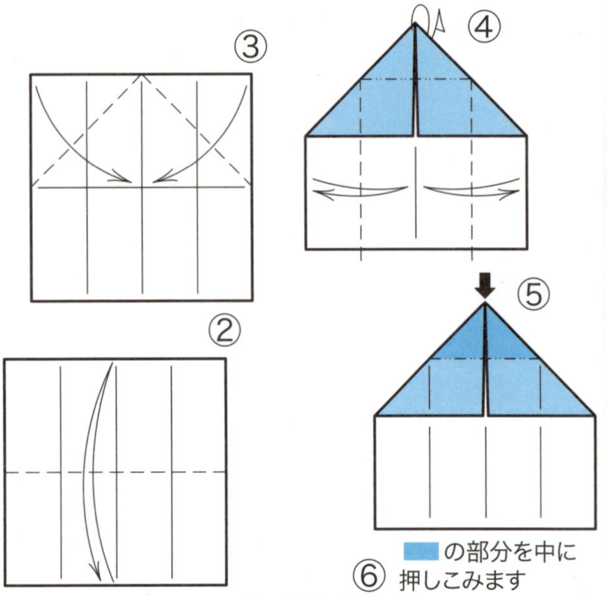

① 開きます

②

③

④

⑤

⑥ ■の部分を中に押しこみます

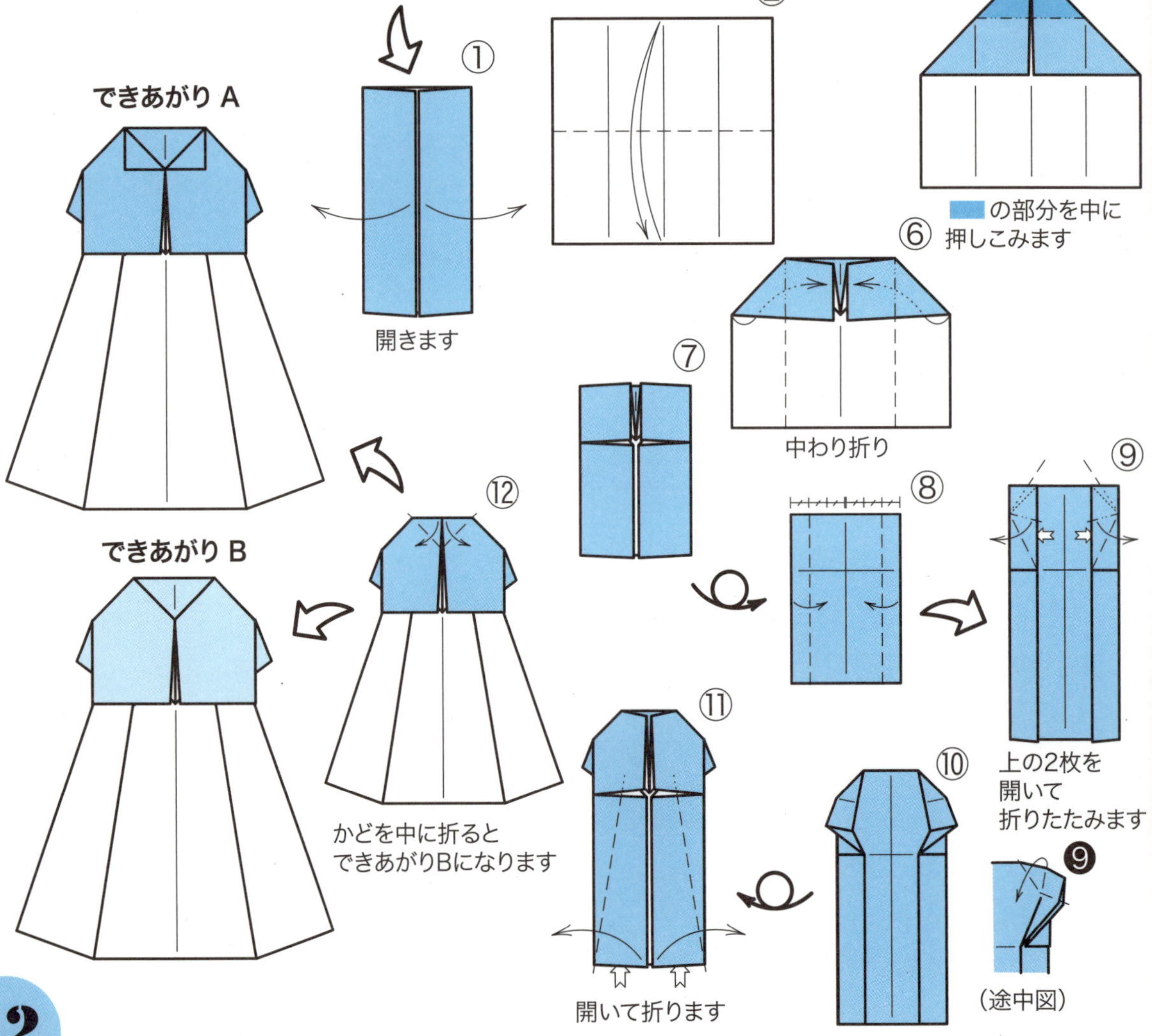

⑦ 中わり折り

⑧

⑨

⑩ 上の2枚を開いて折りたたみます

⑨ （途中図）

⑪ 開いて折ります

⑫ かどを中に折るとできあがりBになります

できあがりA

できあがりB

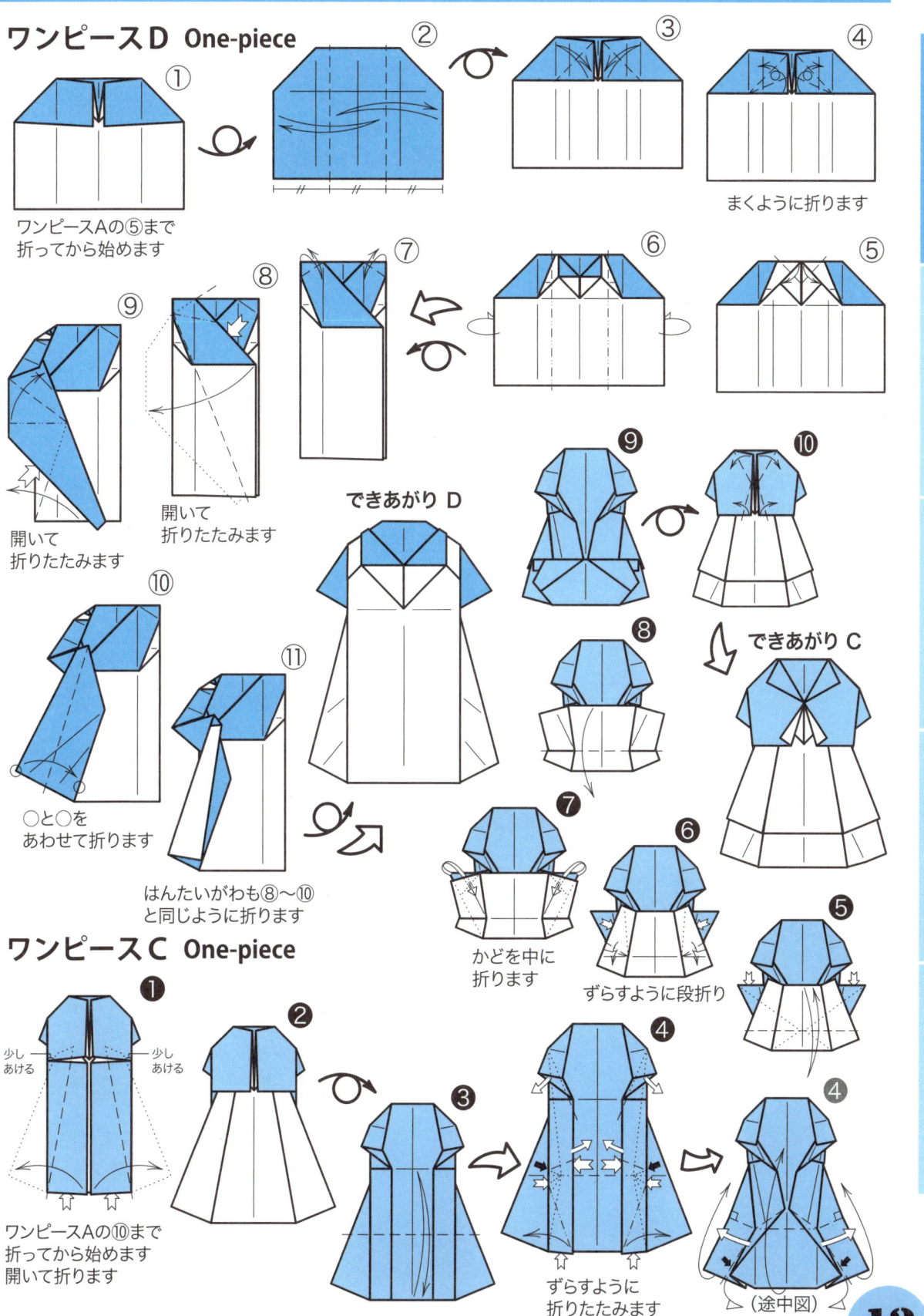

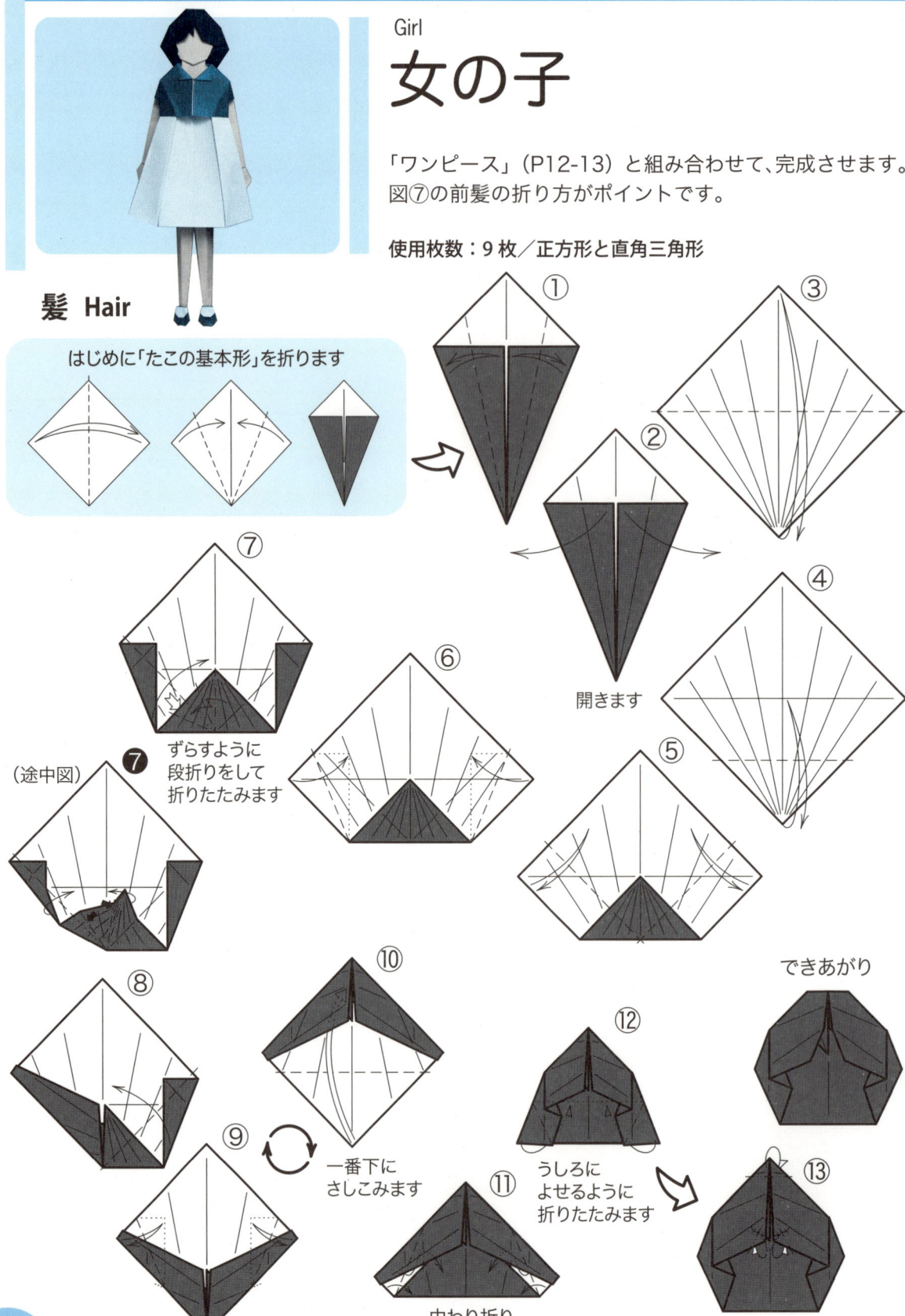

顔 Face

はじめに「たこの基本形」を折ります

●頭のくみあわせかた●

※P12-13の
ワンピースの
大きさは
腕と足を
あわせた
正方形です

●紙の大きさのわりあい●

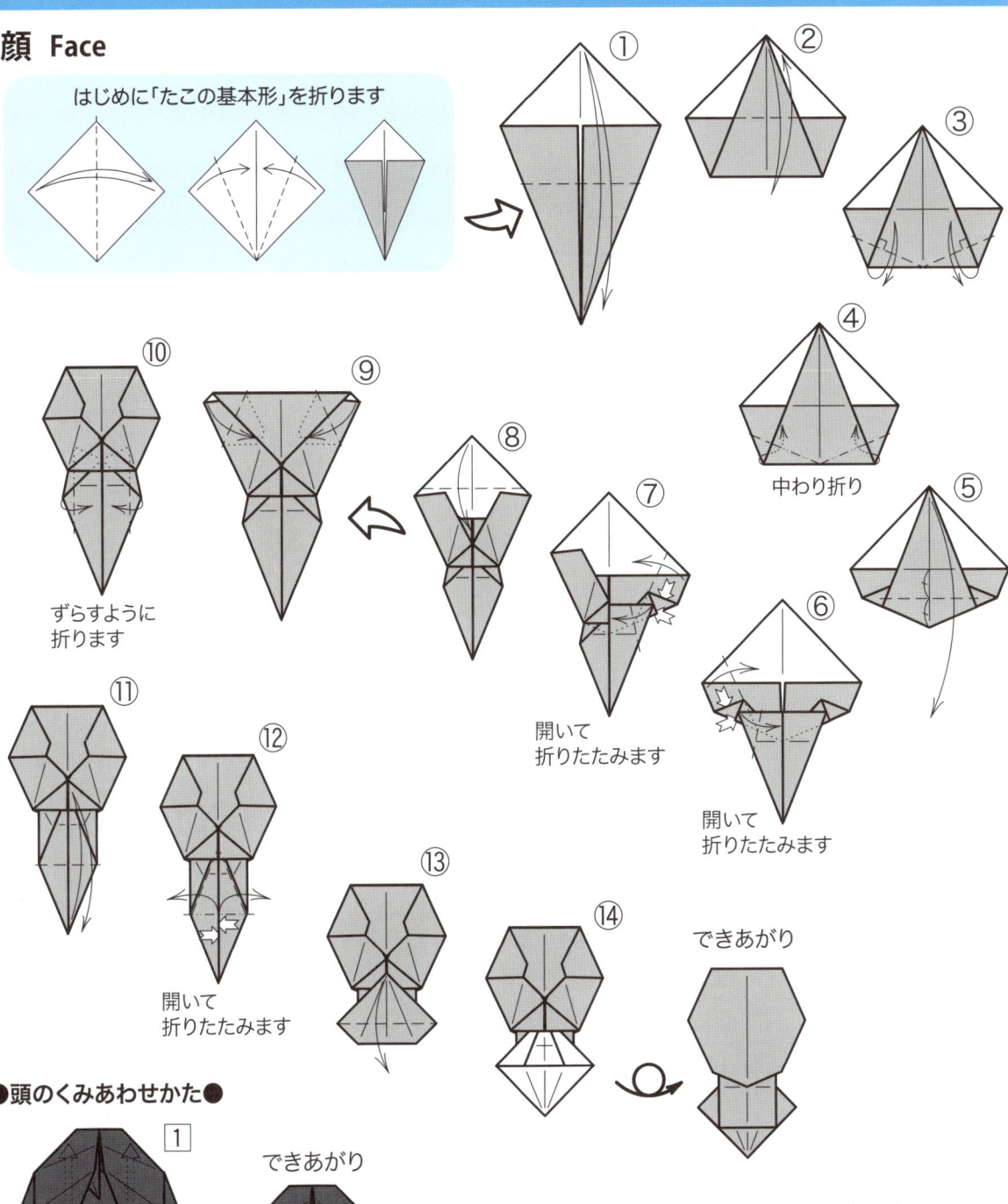

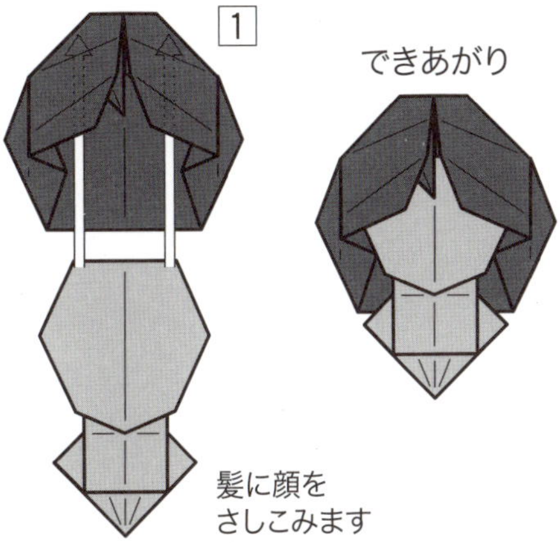

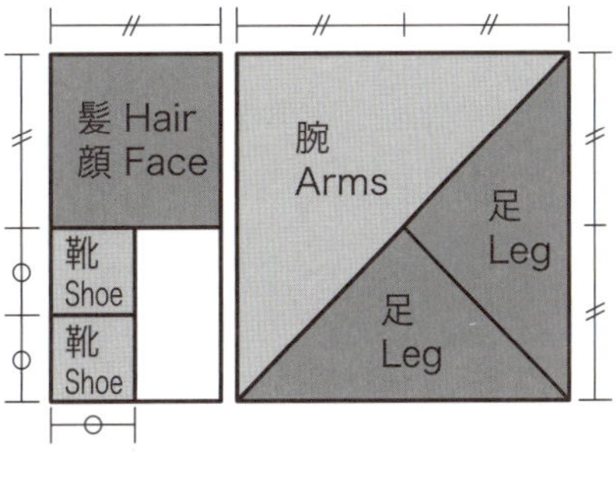

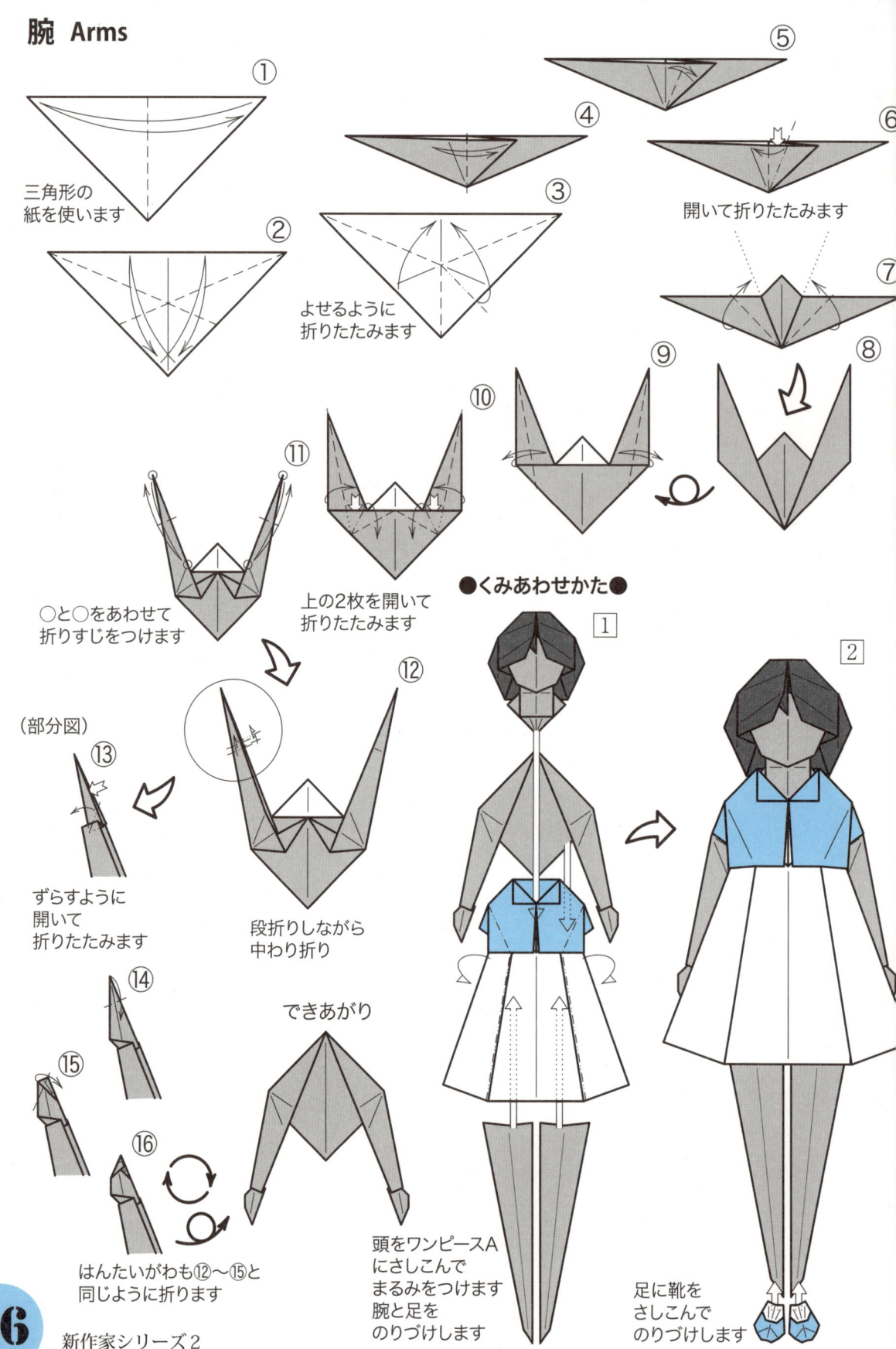

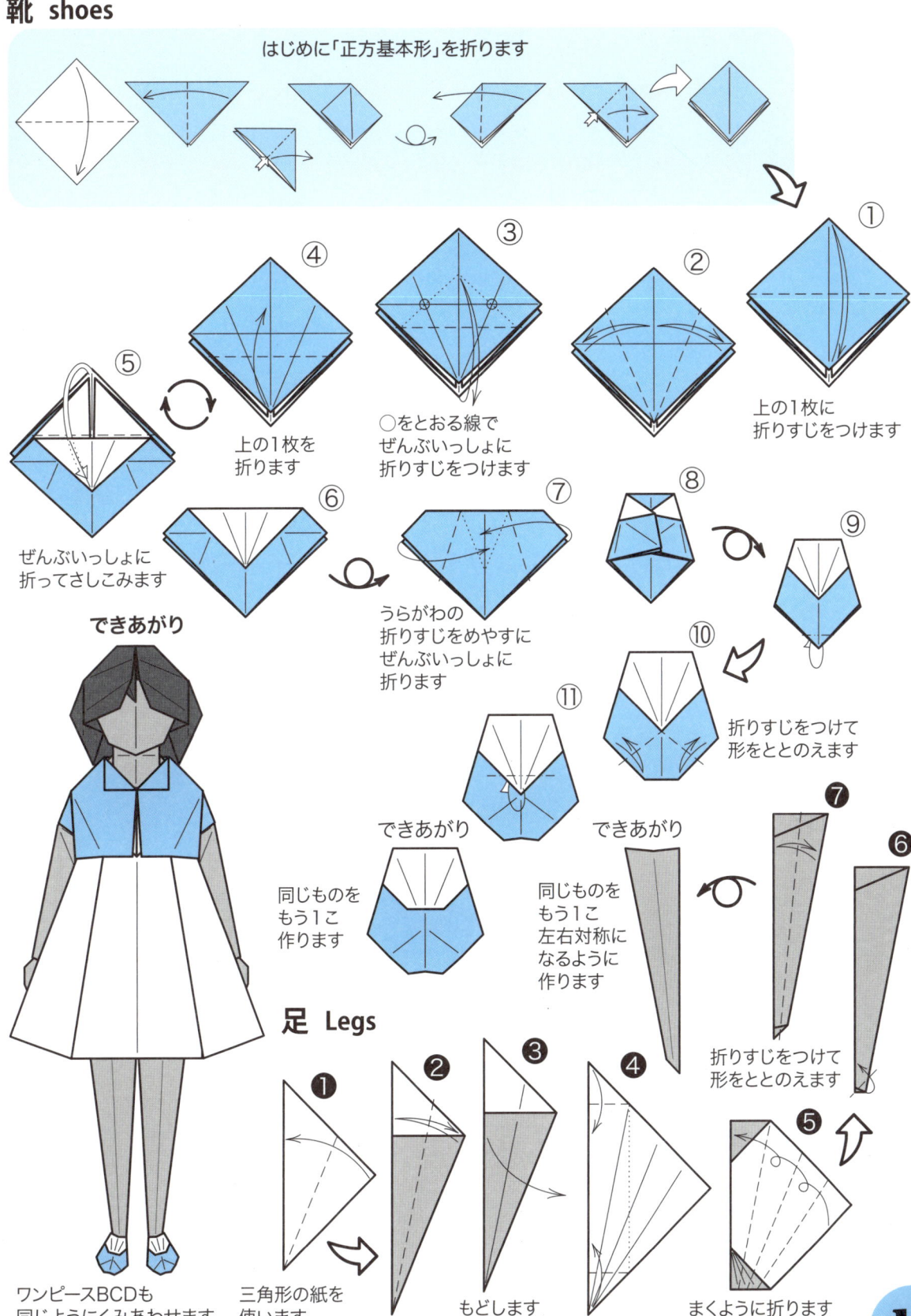

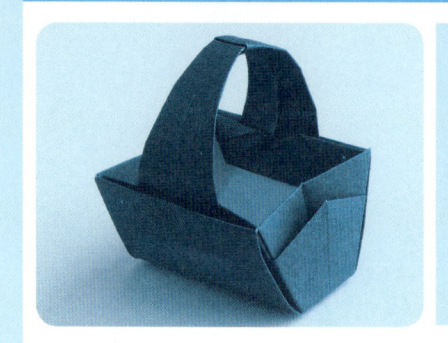

バスケット

Basket

外側にカードがさしこめるポケットがついているので、プレゼントの入れ物として利用できます。

使用枚数：1枚／正方形　　　（月刊おりがみ 345 号掲載）

はじめに「魚の基本形II」を折ります

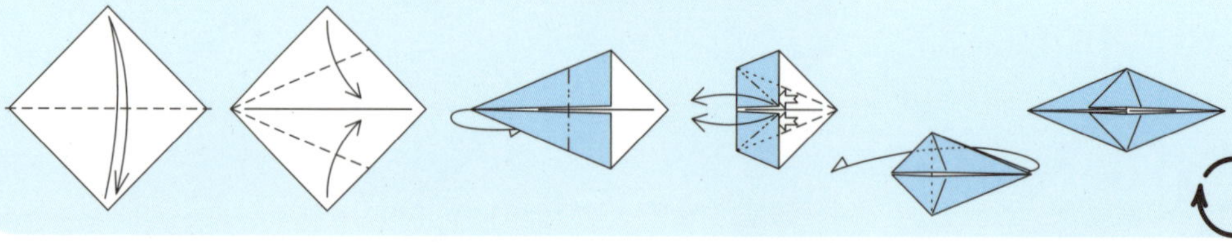

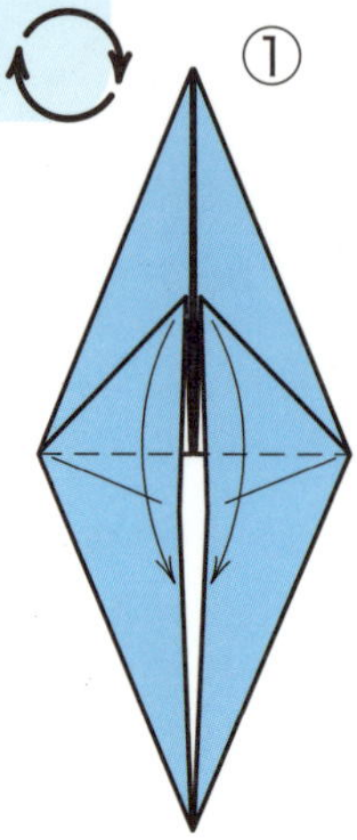

①
② 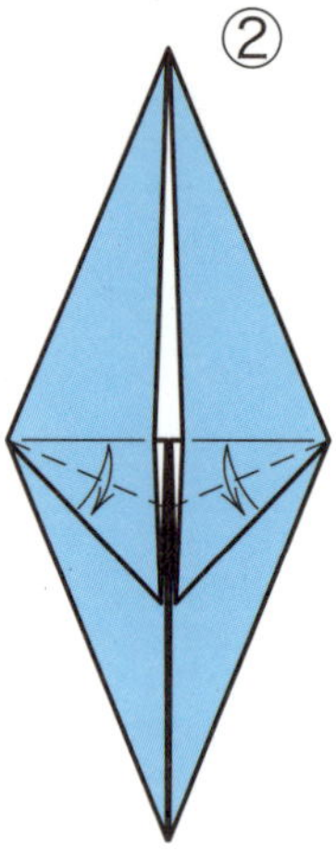
③ 開いて折りたたみます 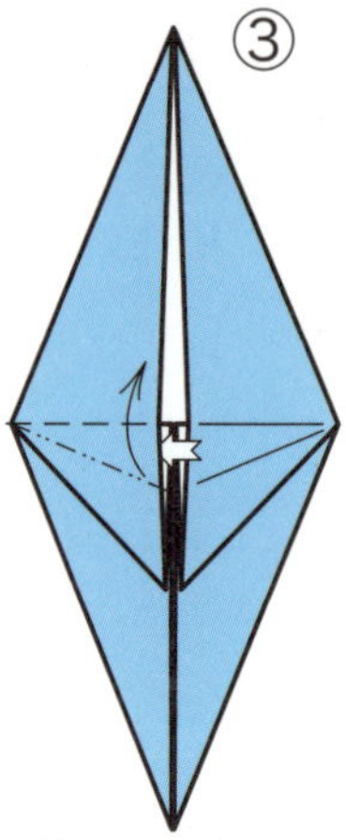
④ 下の部分をくるむように折ります 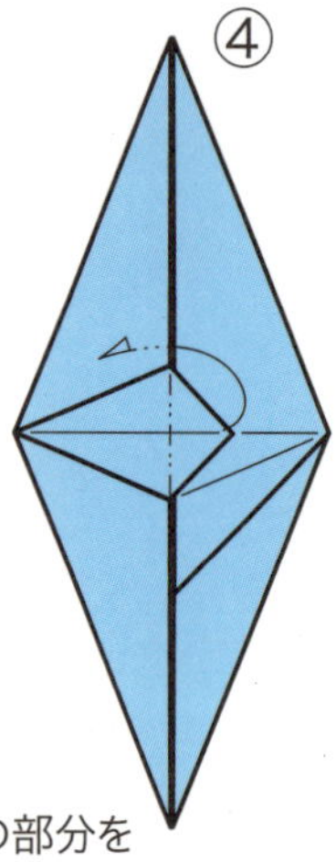
⑤ はんたいがわも③④と同じように折ります 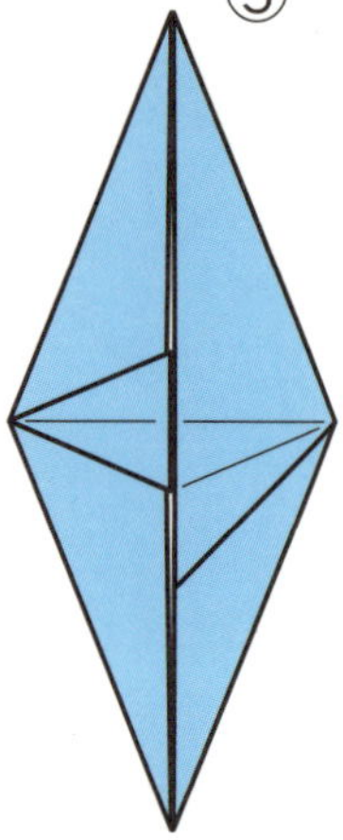
⑥ 折りすじをつけます（一番下にはつけません） 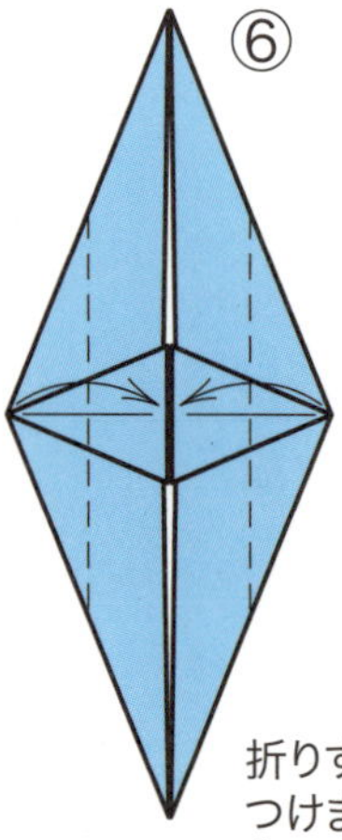
⑦ ○と○をあわせて折りすじをつけます 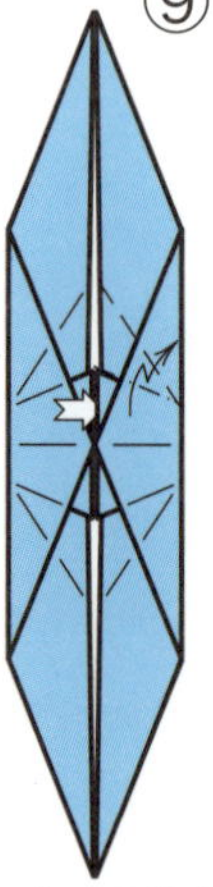
⑧
⑨ 上の2枚を段折り
⑩ （部分図）しるしをつけます
⑪ もどします 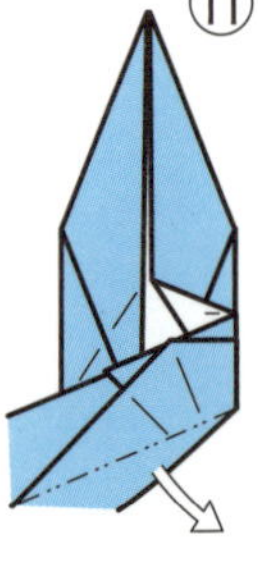
⑫ ⑩でつけたしるしで折りすじをつけます 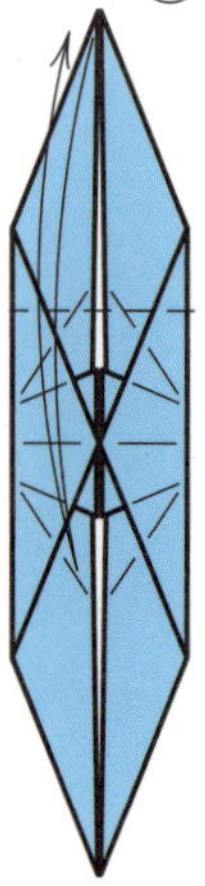

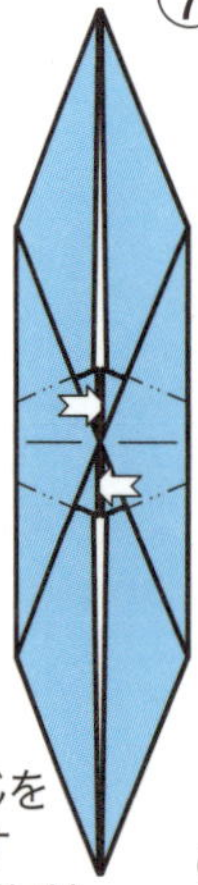

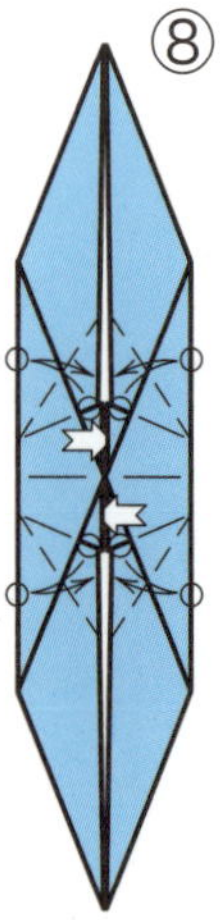

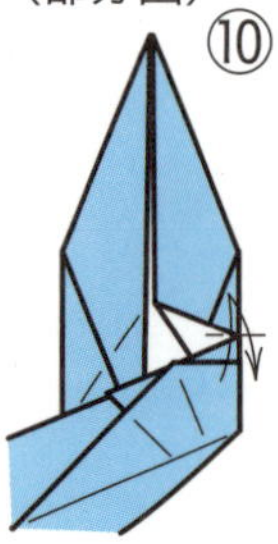

おしゃれ くうかん

リラックス くうかん ｜ ナチュラル くうかん ｜ エキサイト くうかん

18　新作家シリーズ2

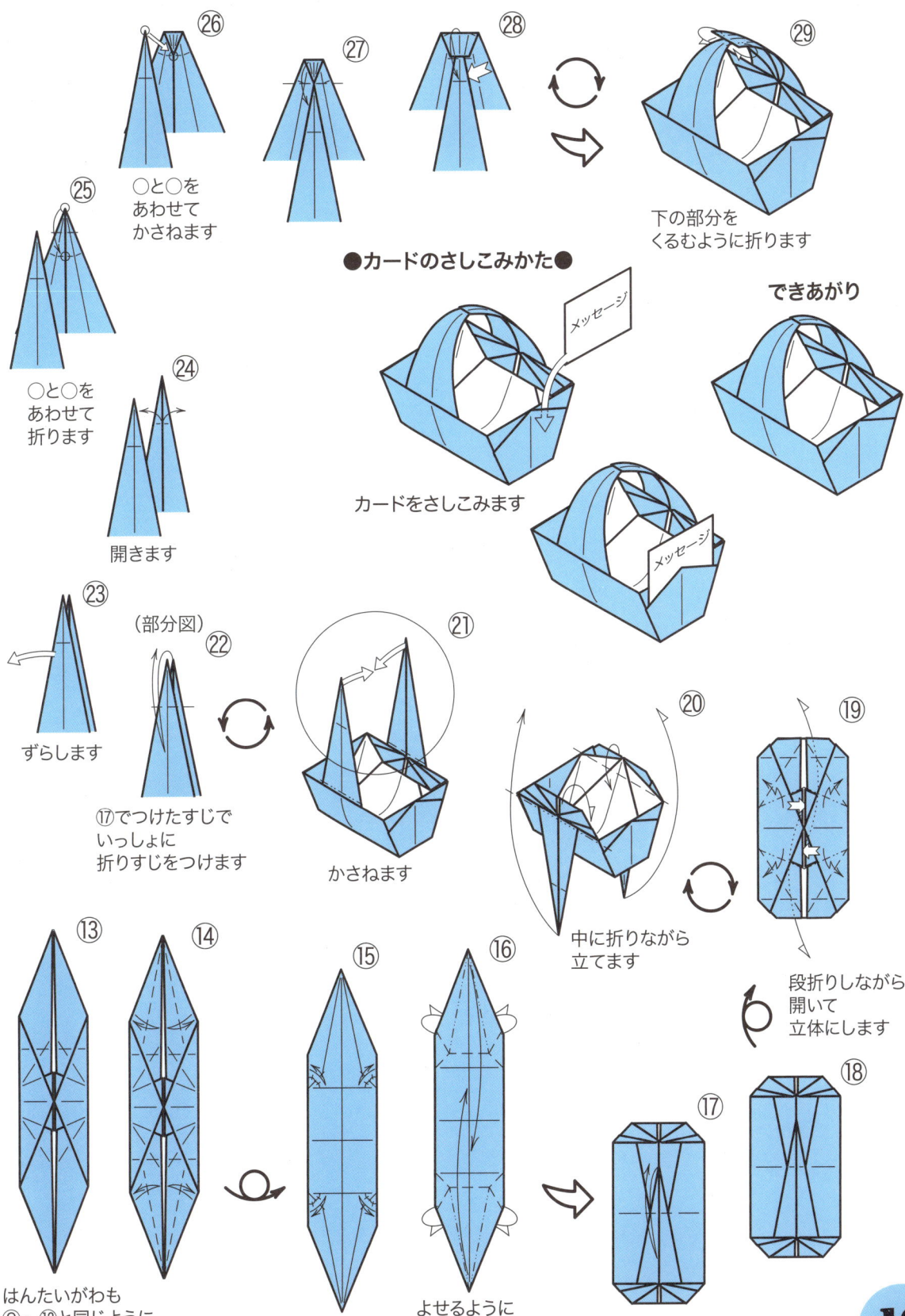

Box with a rose
バラの小箱

図❽❾は右の写真のような形です。

使用枚数：2枚／長方形

外箱 Outside

① 1:2の大きさの紙を使います

②

③

④

⑤ 段折りしながら箱の形にします

⑥ 下の三角を上に出してとめます → できあがり

内箱 Inside

❶ 外箱の①②をうらおもて逆に折ってから始めます

❷

❸

❹

❺ 段折りしながら箱の形にします

❻

❼ 上の三角を下にさしこみます

❽ 上の1枚をよせるように折ります

❾

❿ ❽で立ったところを折りたたみます

できあがり

●くみあわせかた●

1 外箱に内箱をさしこみます

（上から見たところ）

20　新作家シリーズ2

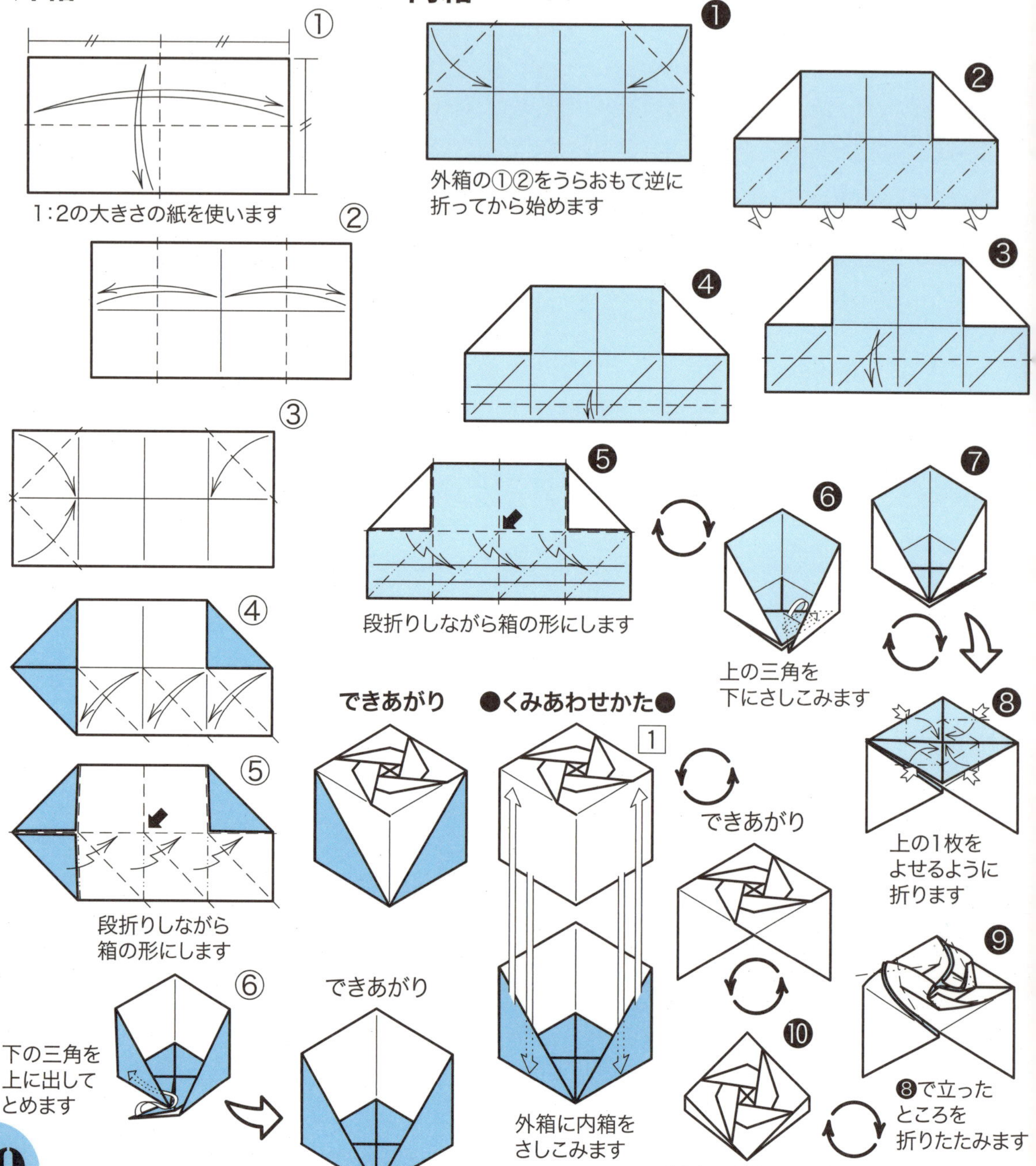

Dahlia ⇔ Sunflower

ダリア⇔ひまわり

ひまわりを作って、裏を見てみたら、ダリアのようでした。口絵のように花心の紙を付けるとよりひまわりらしくなります。しっかりした紙で折ってブローチにしてもよいでしょう。

使用枚数：1枚／正方形　　　（月刊おりがみ 360号掲載）

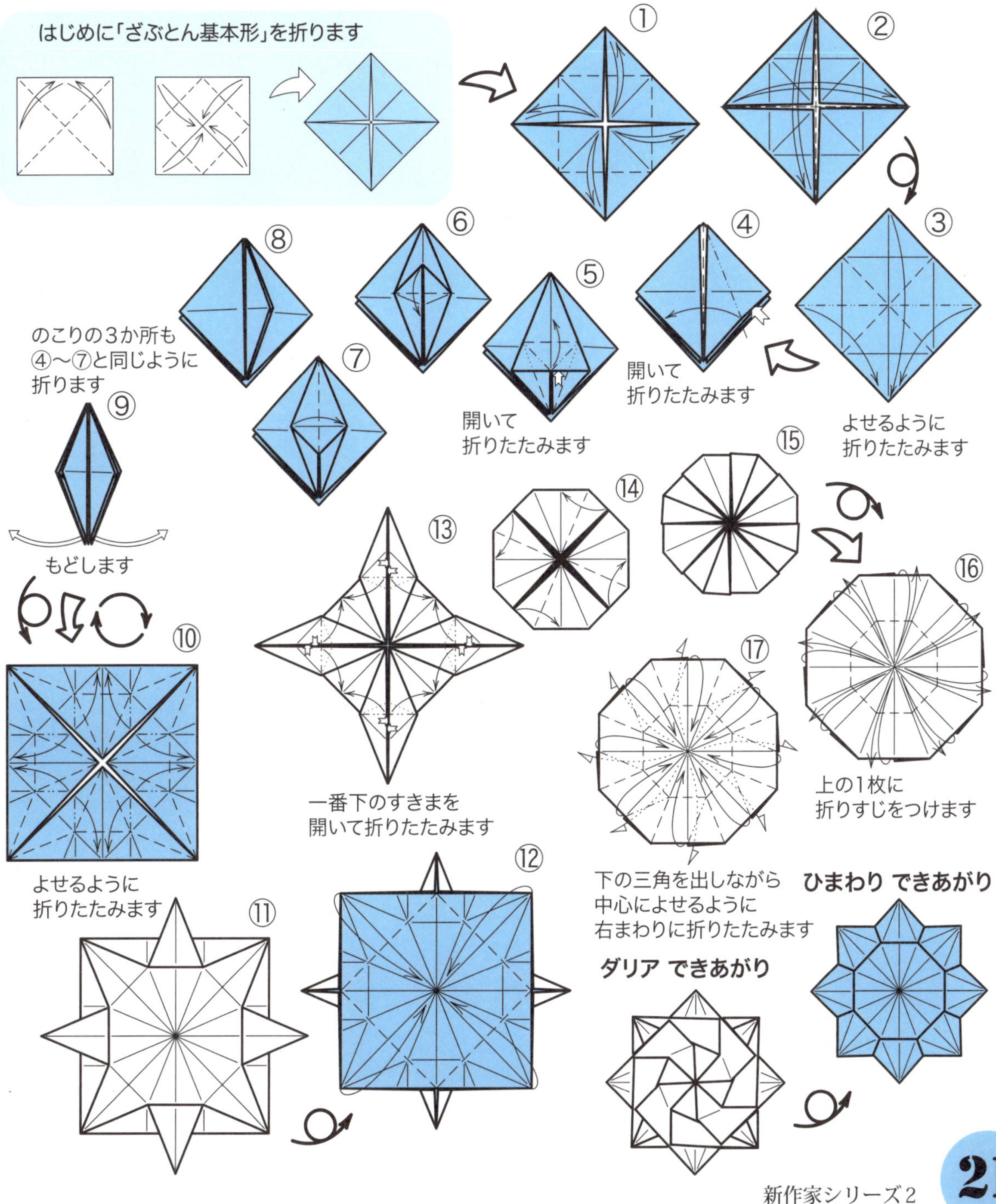

おしゃれ くうかん

リラックスくうかん｜ナチュラルくうかん｜エキサイトくうかん

はじめに「ざぶとん基本形」を折ります

① ② ③ ④ 開いて折りたたみます ⑤ 開いて折りたたみます ⑥ ⑦ ⑧ のこりの3か所も④〜⑦と同じように折ります ⑨ もどします ⑩ よせるように折りたたみます ⑪ ⑫ ⑬ 一番下のすきまを開いて折りたたみます ⑭ ⑮ ⑯ 上の1枚に折りすじをつけます ⑰ 下の三角を出しながら中心によせるように右まわりに折りたたみます

よせるように折りたたみます

ダリア できあがり

ひまわり できあがり

21

新作家シリーズ2

Crane

変わり折鶴

羽を閉じているときは、伝承の折鶴のシルエットと同じなのに、折り方はまったくちがう不思議な作品です。

使用枚数：各1枚／正方形

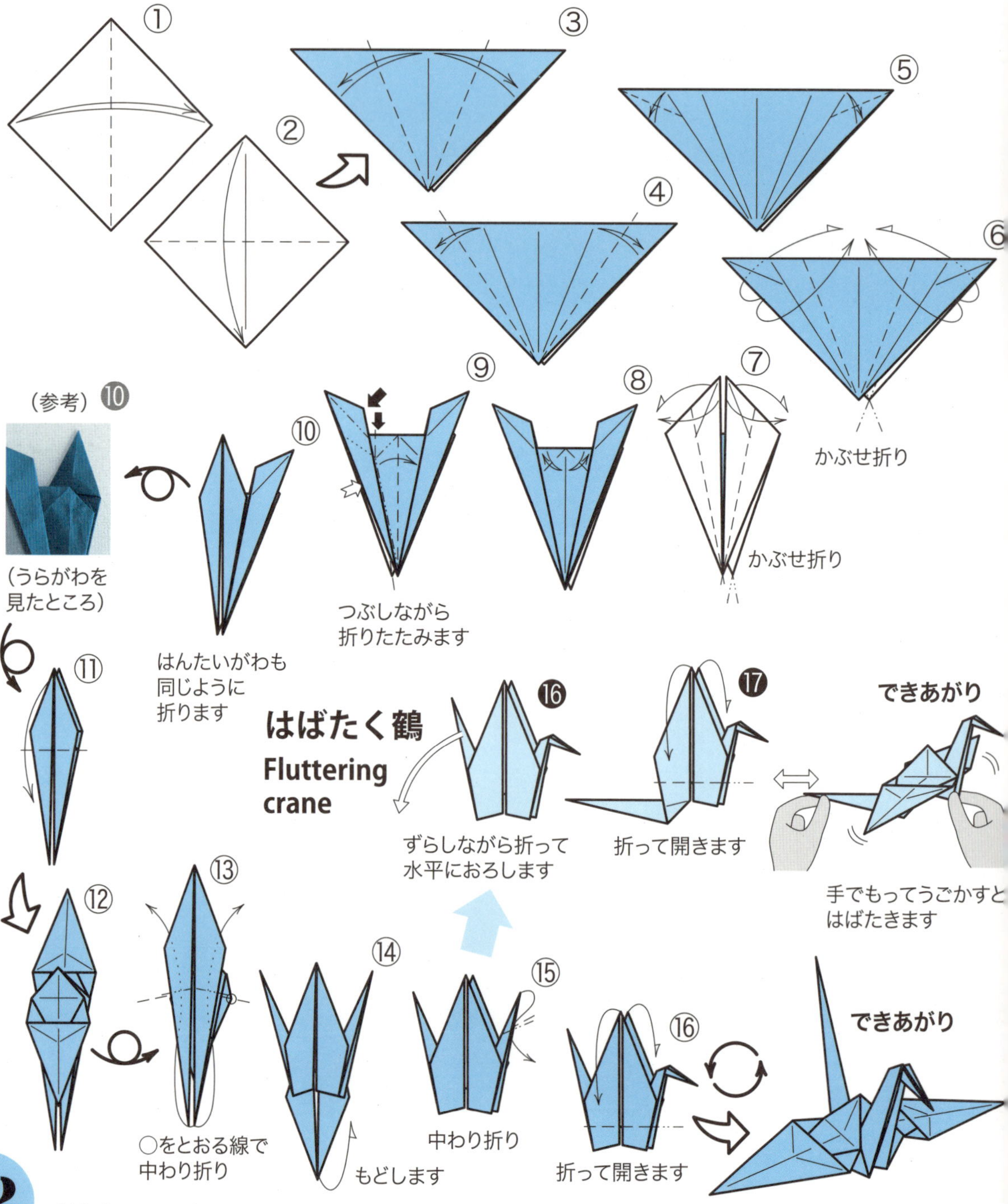

はばたく鶴
Fluttering crane

Table テーブル

ツートンカラーのおしゃれなテーブルです。
両面折り紙で折ると、とてもカラフルになります。

使用枚数：1枚／正方形　　（月刊おりがみ 326号掲載）

はじめに「かんのん基本形」を折ります

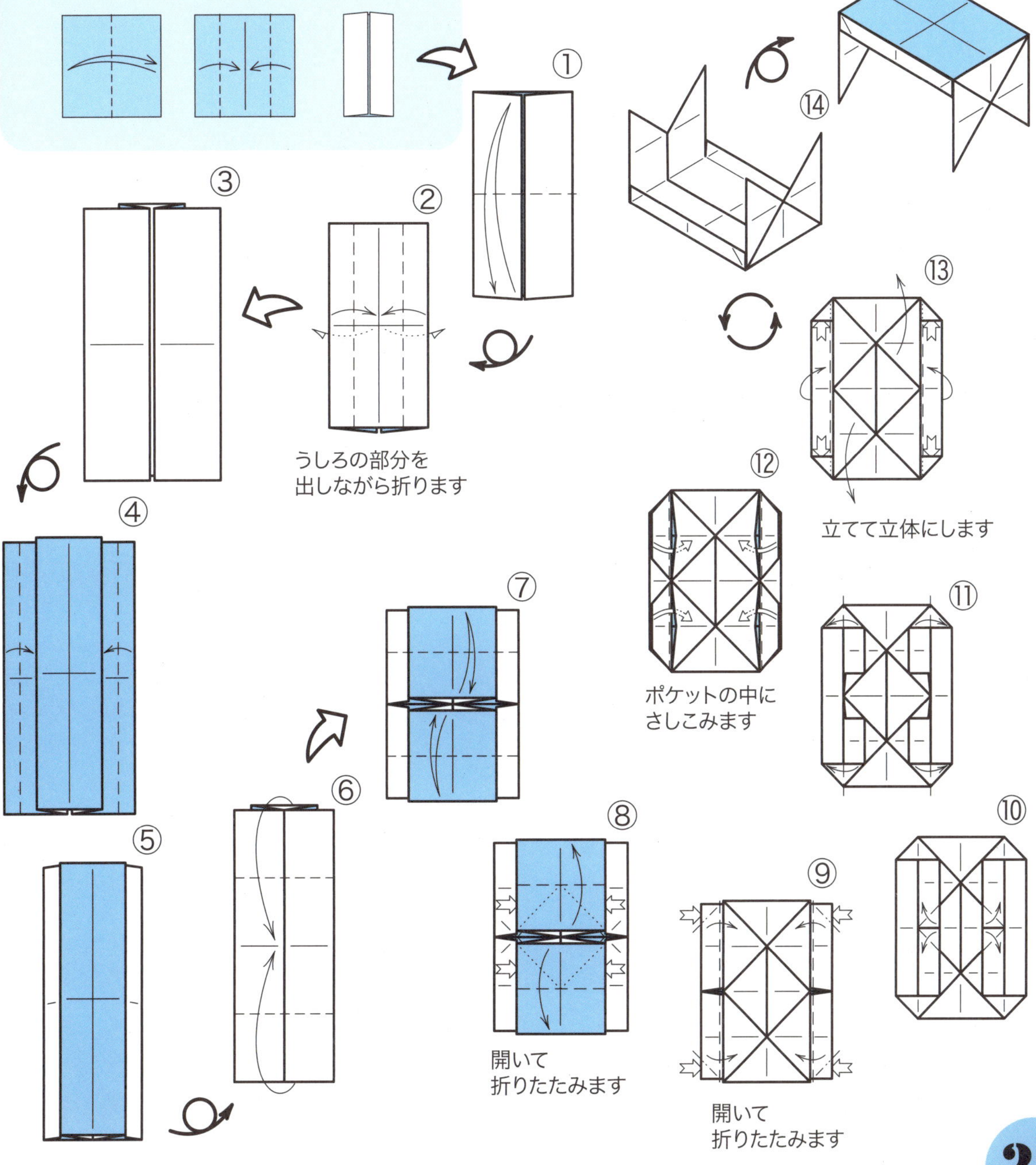

② うしろの部分を出しながら折ります

⑧ 開いて折りたたみます

⑨ 開いて折りたたみます

⑫ ポケットの中にさしこみます

立てて立体にします

⑭ できあがり

新作家シリーズ2

23

Sofa

ソファ

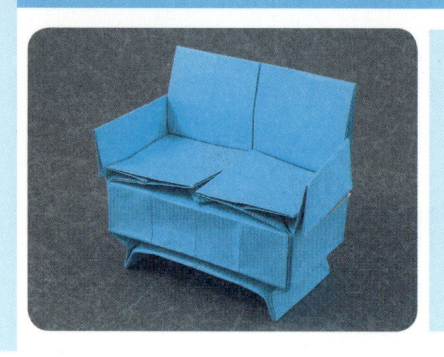

シンプルなデザインのソファです。図⑦はななめの谷折りすじと山折りすじをていねいにつけてから折りましょう。

使用枚数：１枚／正方形

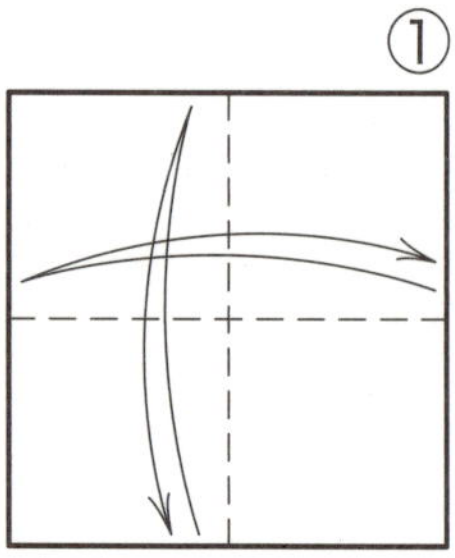

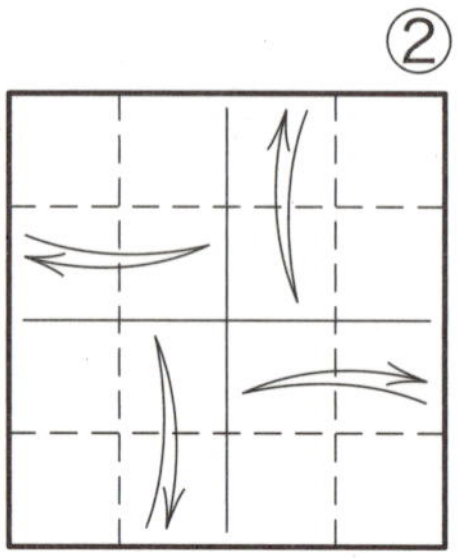

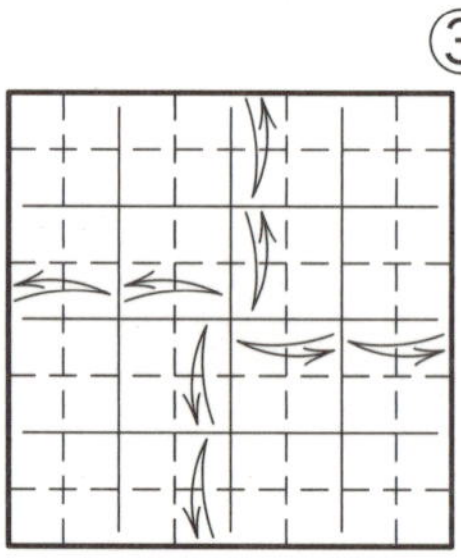

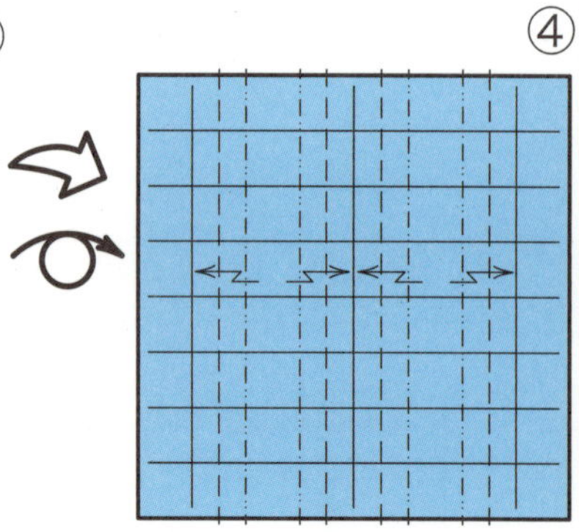

段折り

(途中図)

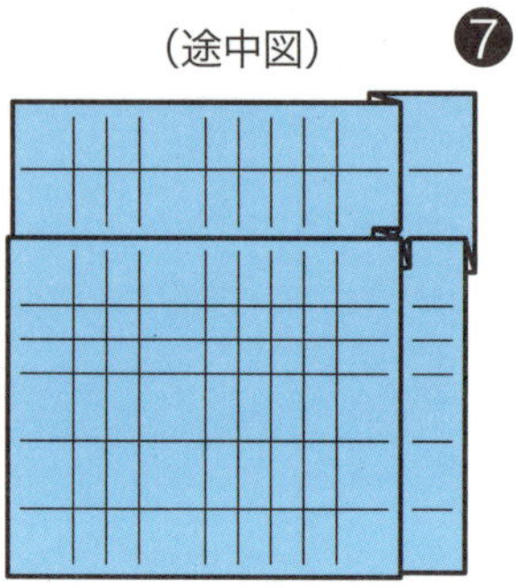

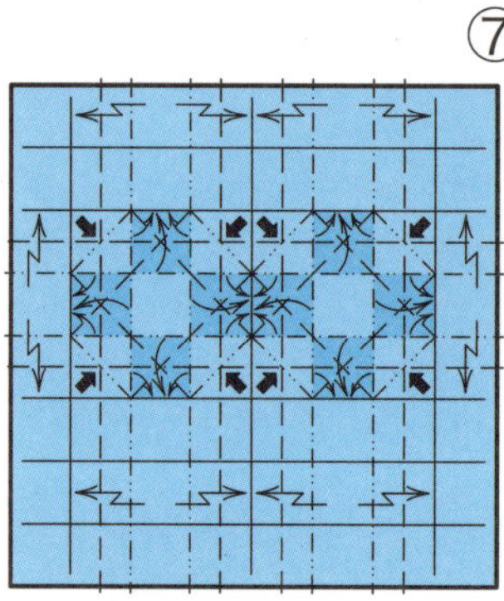

段折りしながら
■の部分を
風船基本形のように
折りたたみます

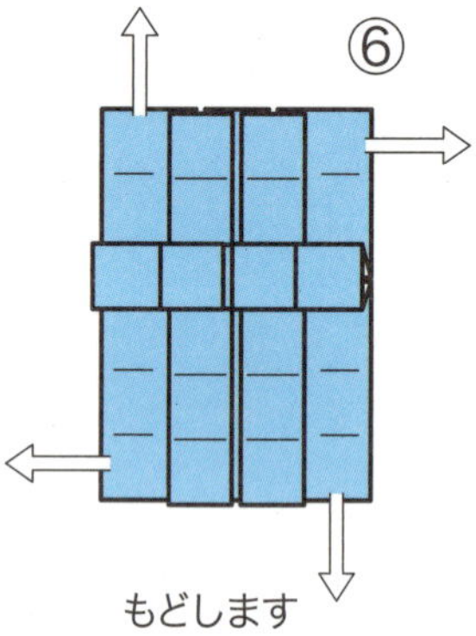

もどします

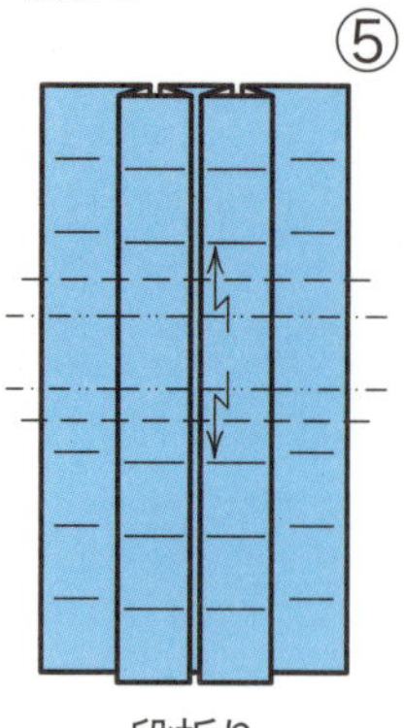

段折り

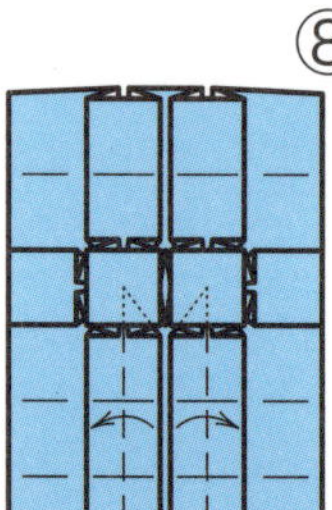

中で折ります

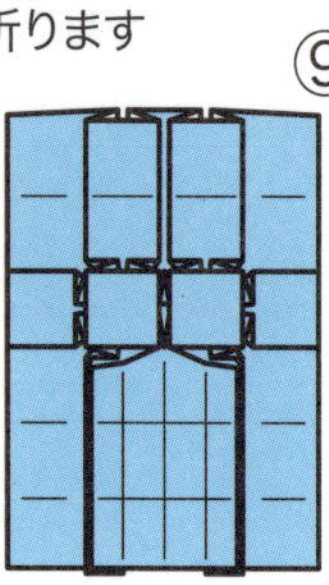

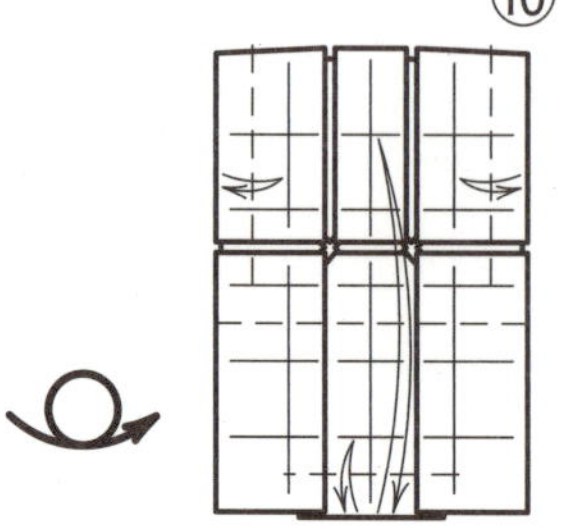

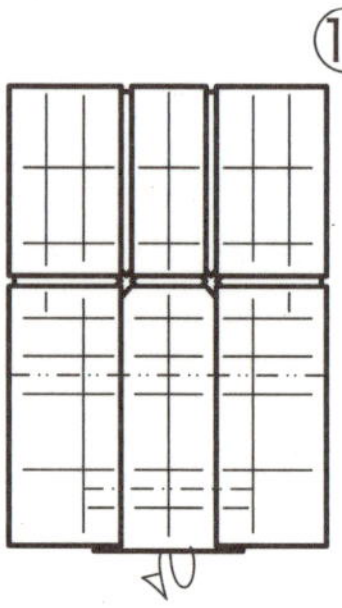

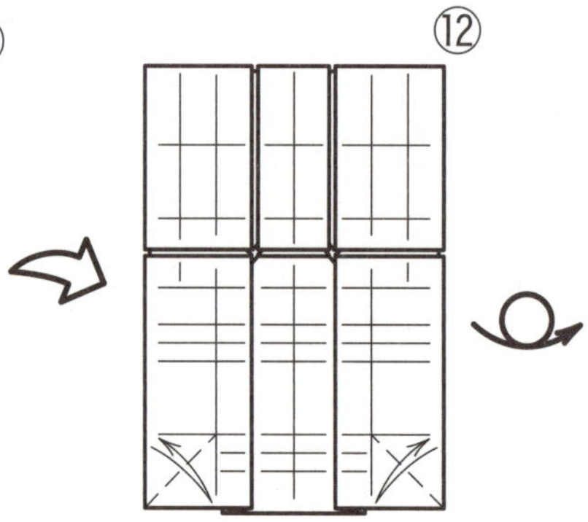

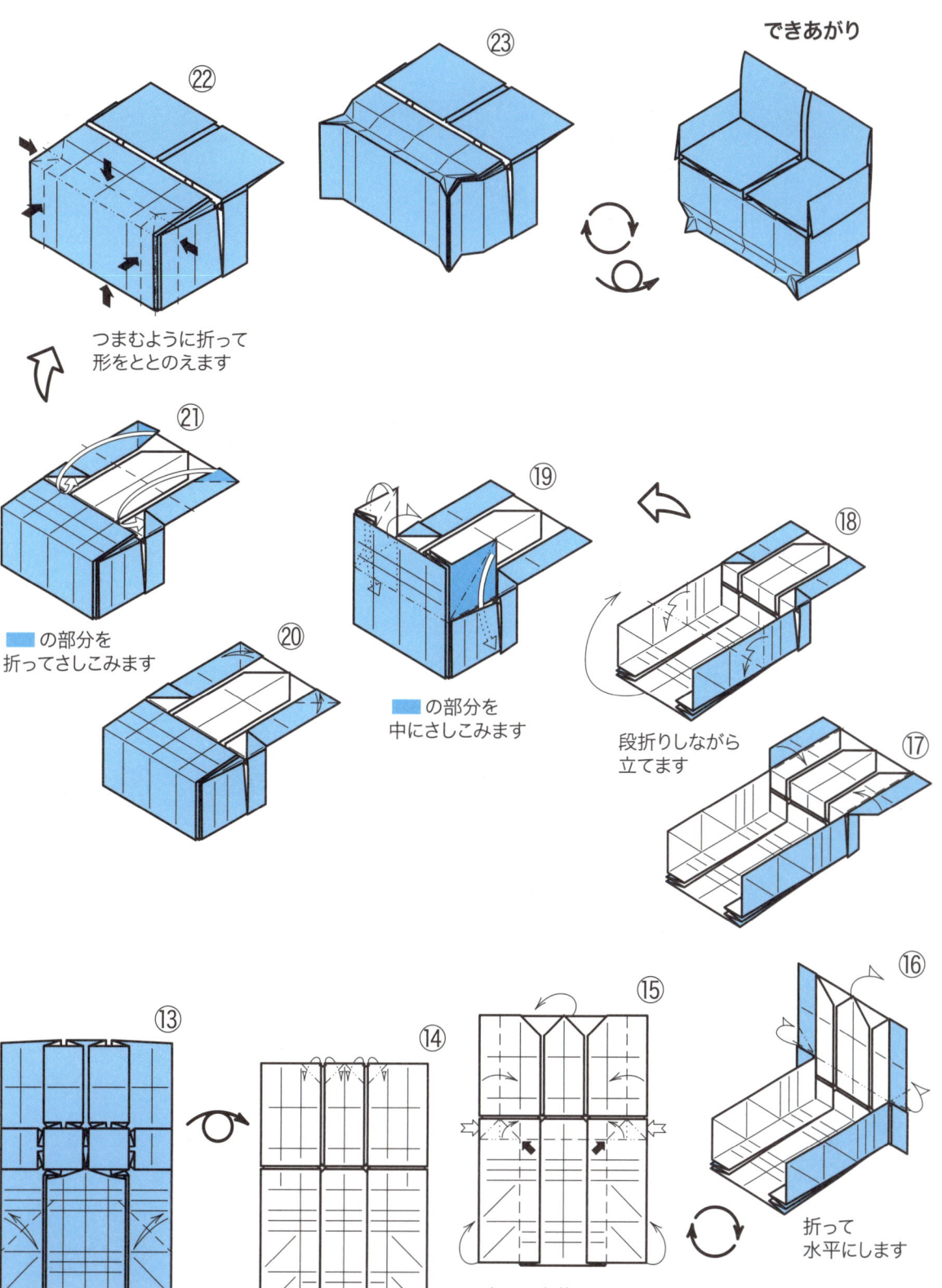

Dog
いぬ

うしろ足が開きやすいので、のりづけをして形を整えましょう。今回、開かないようにする折り方も考えました。

使用枚数：1枚／正方形　　（月刊おりがみ325号掲載）

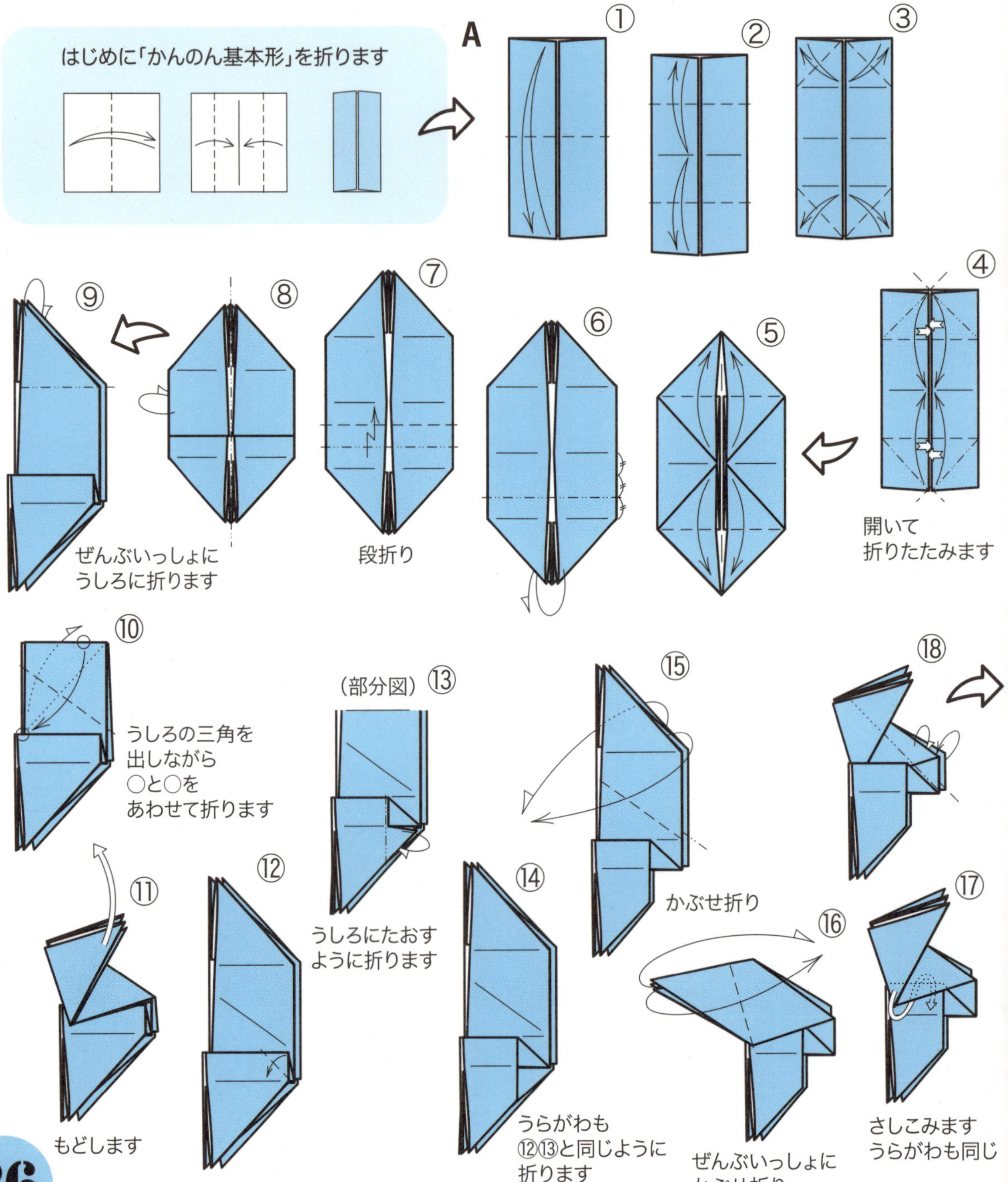

はじめに「かんのん基本形」を折ります

A

① ② ③ ④ 開いて折りたたみます ⑤ ⑥ ⑦ 段折り ⑧ ⑨ ぜんぶいっしょにうしろに折ります

⑩ うしろの三角を出しながら○と○をあわせて折ります
⑪ もどします
⑫
⑬ （部分図）
⑭ うしろにたおすように折ります
　うらがわも⑫⑬と同じように折ります
⑮ かぶせ折り
⑯ ぜんぶいっしょにかぶせ折り
⑰ さしこみます　うらがわも同じ
⑱

26　新作家シリーズ2

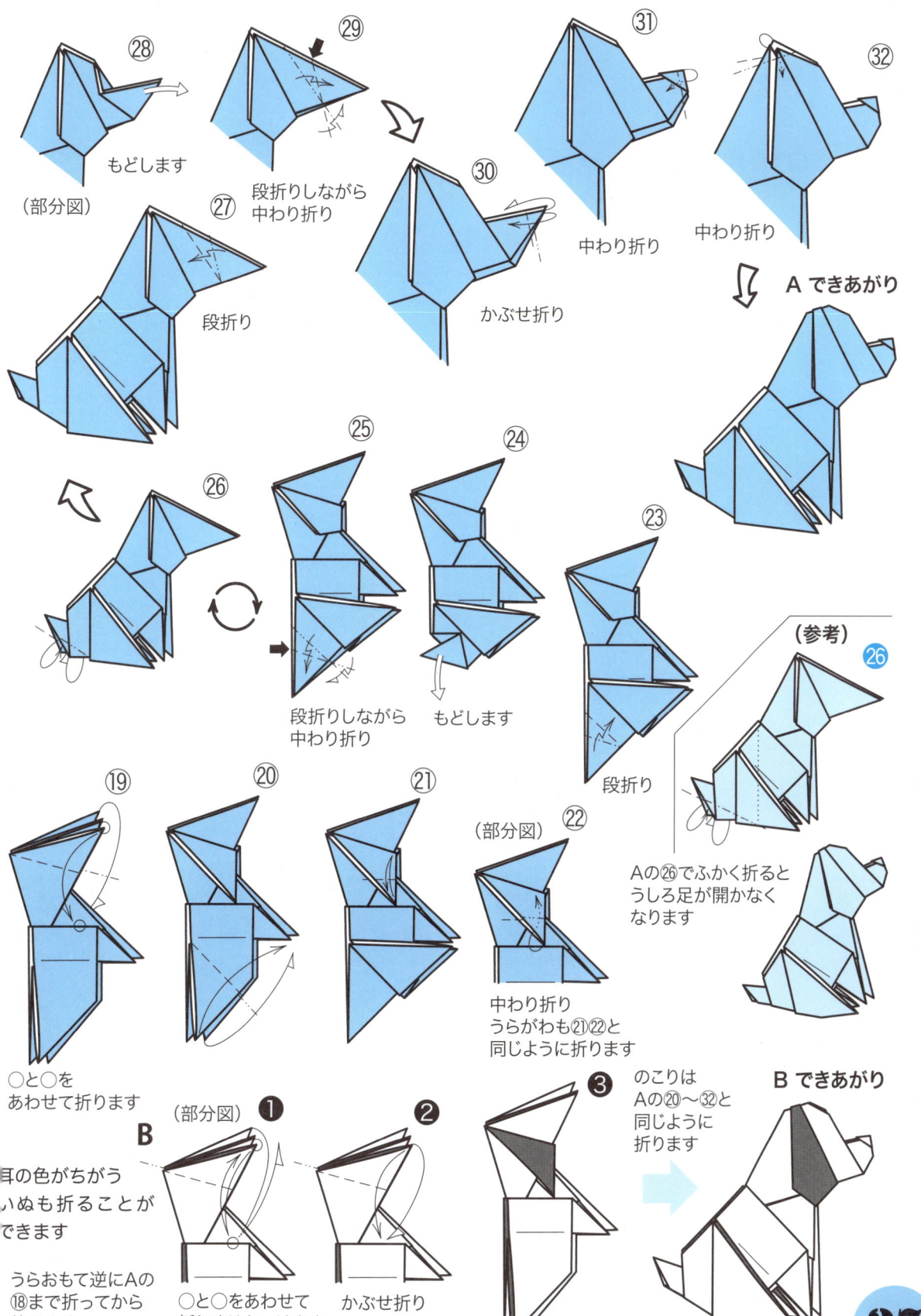

Cat
ねこ

しっぽをカールさせるとかわいらしくなります。
顔の向きを調節してバランスをとりましょう。
図⑳は難しいですが、何度かトライしてください。

使用枚数：1枚／正方形

はじめに「ざぶとん基本形」を折ります

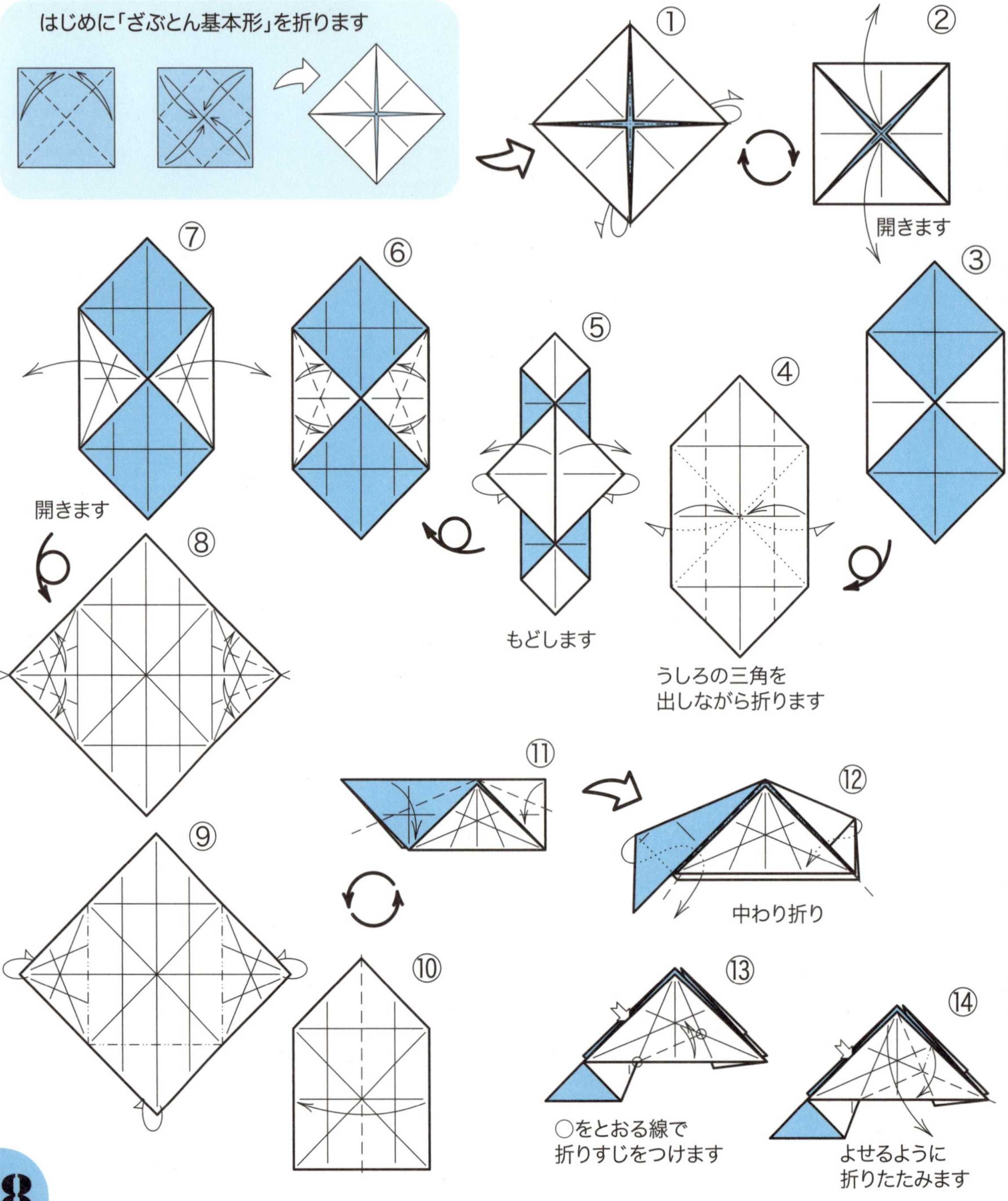

① ② 開きます

③ ④ うしろの三角を出しながら折ります

⑤ もどします ⑥ ⑦ 開きます

⑧ ⑨ ⑩ ⑪ ⑫ 中わり折り

⑬ ○をとおる線で折りすじをつけます

⑭ よせるように折りたたみます

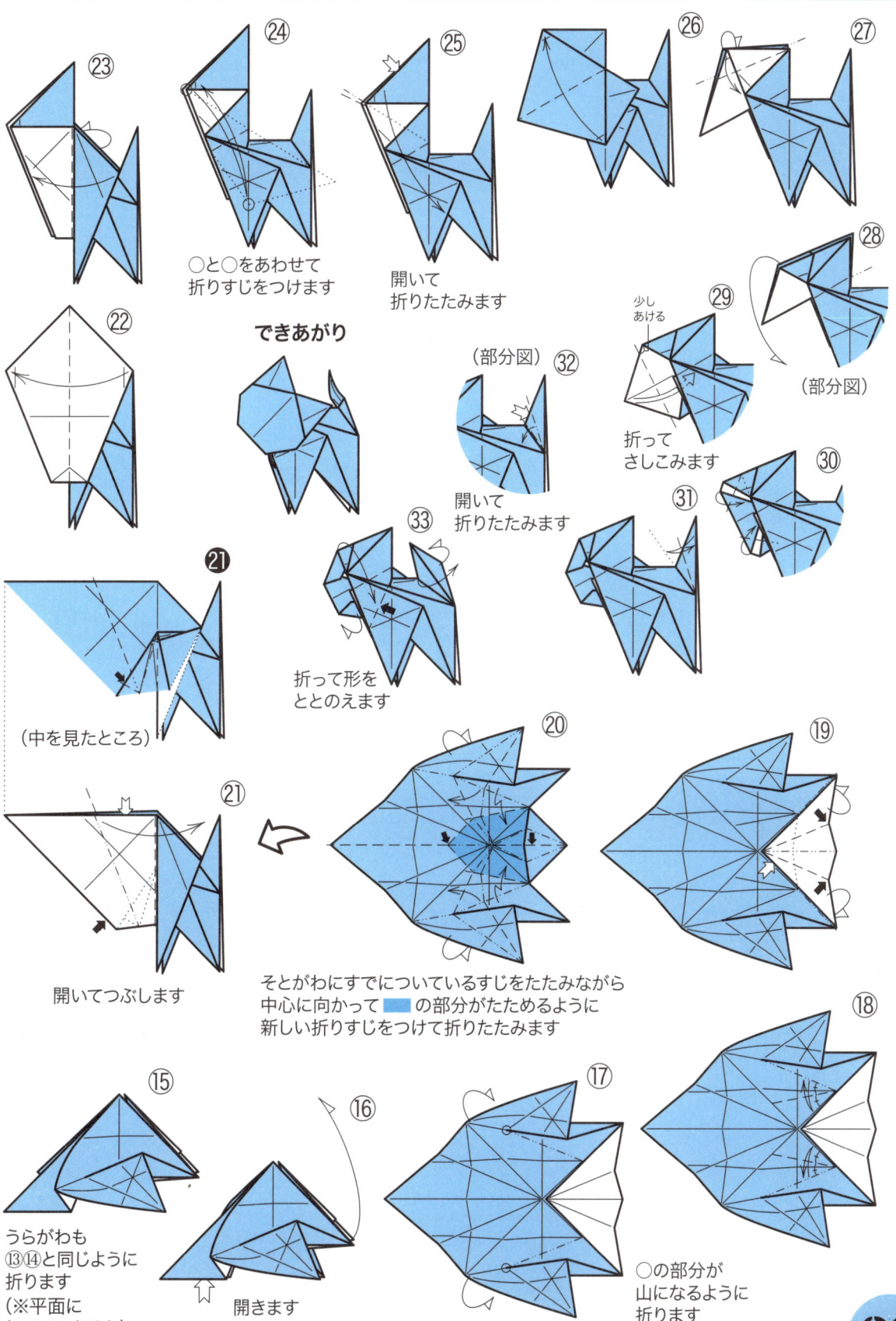

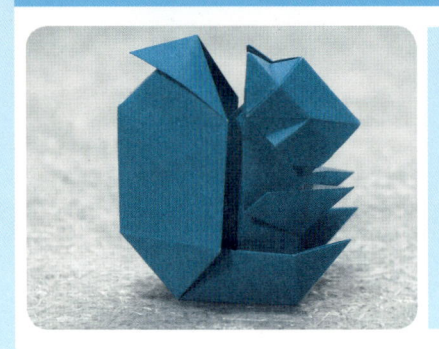

Squirrel

りす

正方形の対角線と同じ 45 度の折りすじが多用された、デフォルメのきいた作品です。

使用枚数：1 枚／正方形　　（月刊おりがみ 375 号掲載）

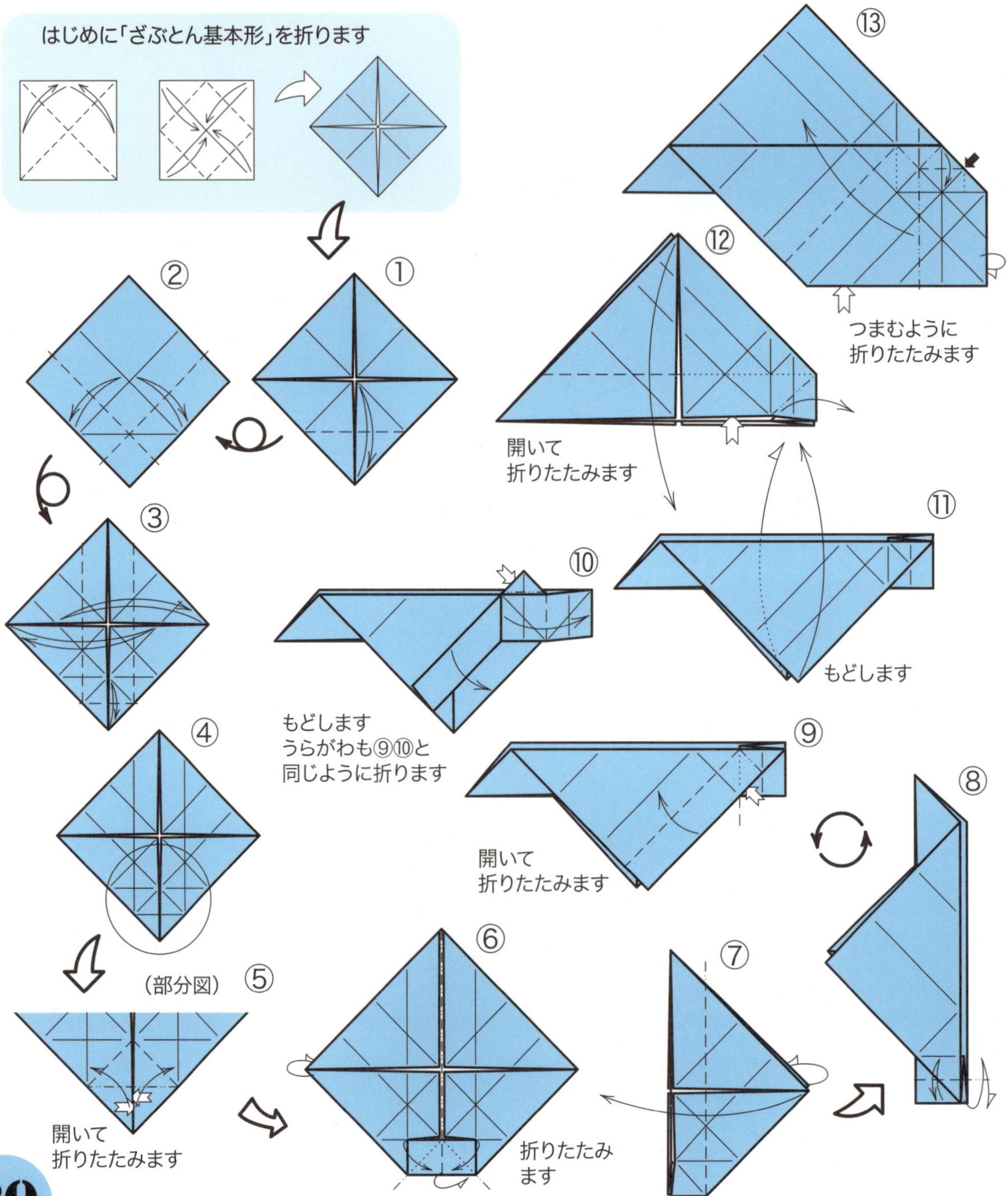
はじめに「ざぶとん基本形」を折ります
①
②
③
④
(部分図)
⑤
開いて
折りたたみます
⑥
折りたたみ
ます
⑦
⑧
⑨
開いて
折りたたみます
⑩
もどします
うらがわも⑨⑩と
同じように折ります
⑪
もどします
⑫
開いて
折りたたみます
⑬
つまむように
折りたたみます

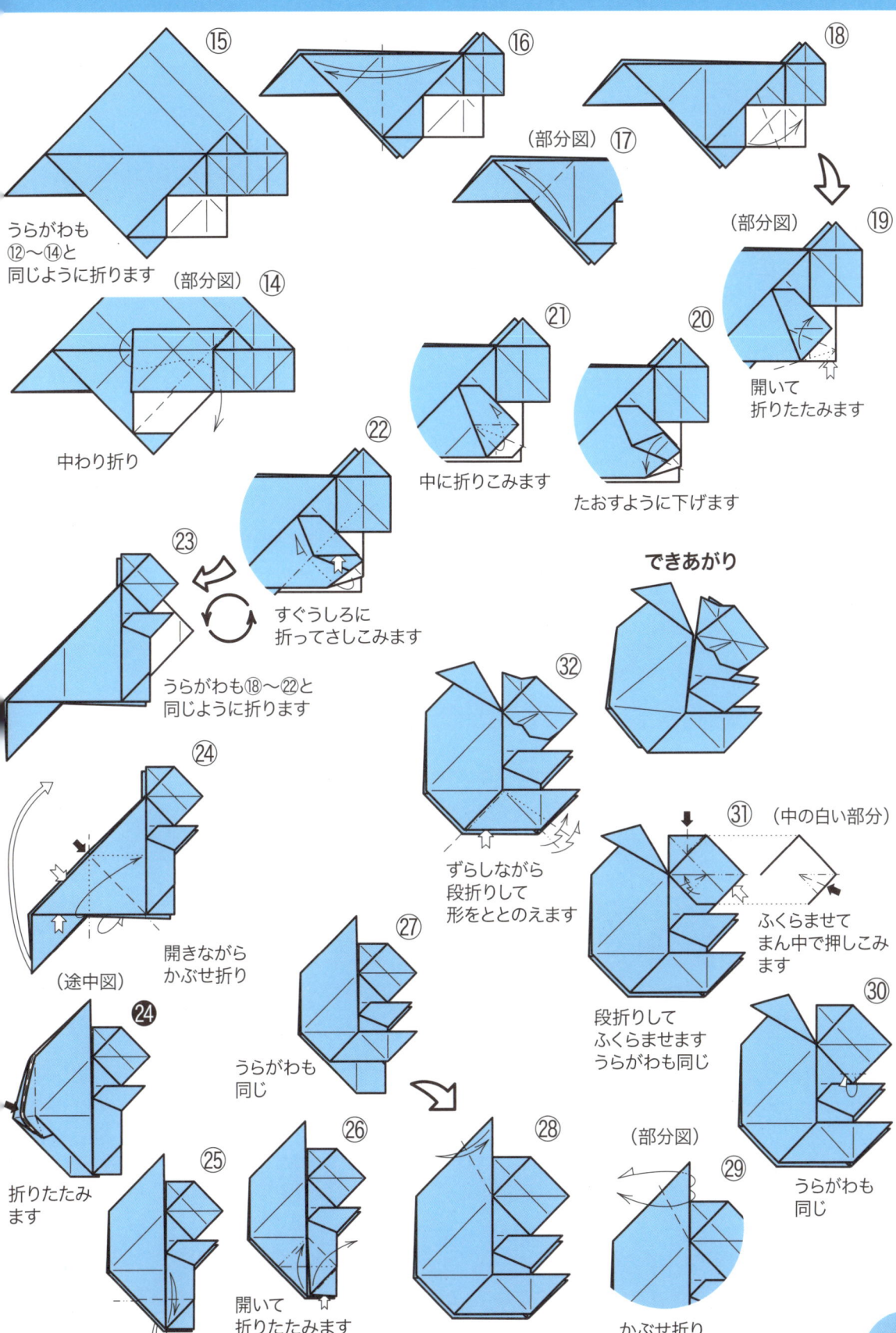

Rose
バラ

「花」は図①から⑥で折りすじをしっかりつけるときれいにまとまります。「葉」は月刊誌に掲載されたものをアレンジしました。「花」と「葉」は同じサイズの用紙で折ります。

使用枚数：2枚／正方形　（「葉」月刊おりがみ 274 号掲載）

はじめに「正方基本形」を折ります

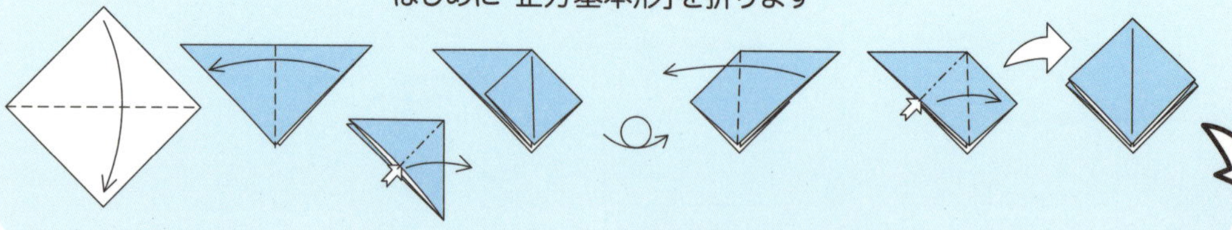

花
Flower

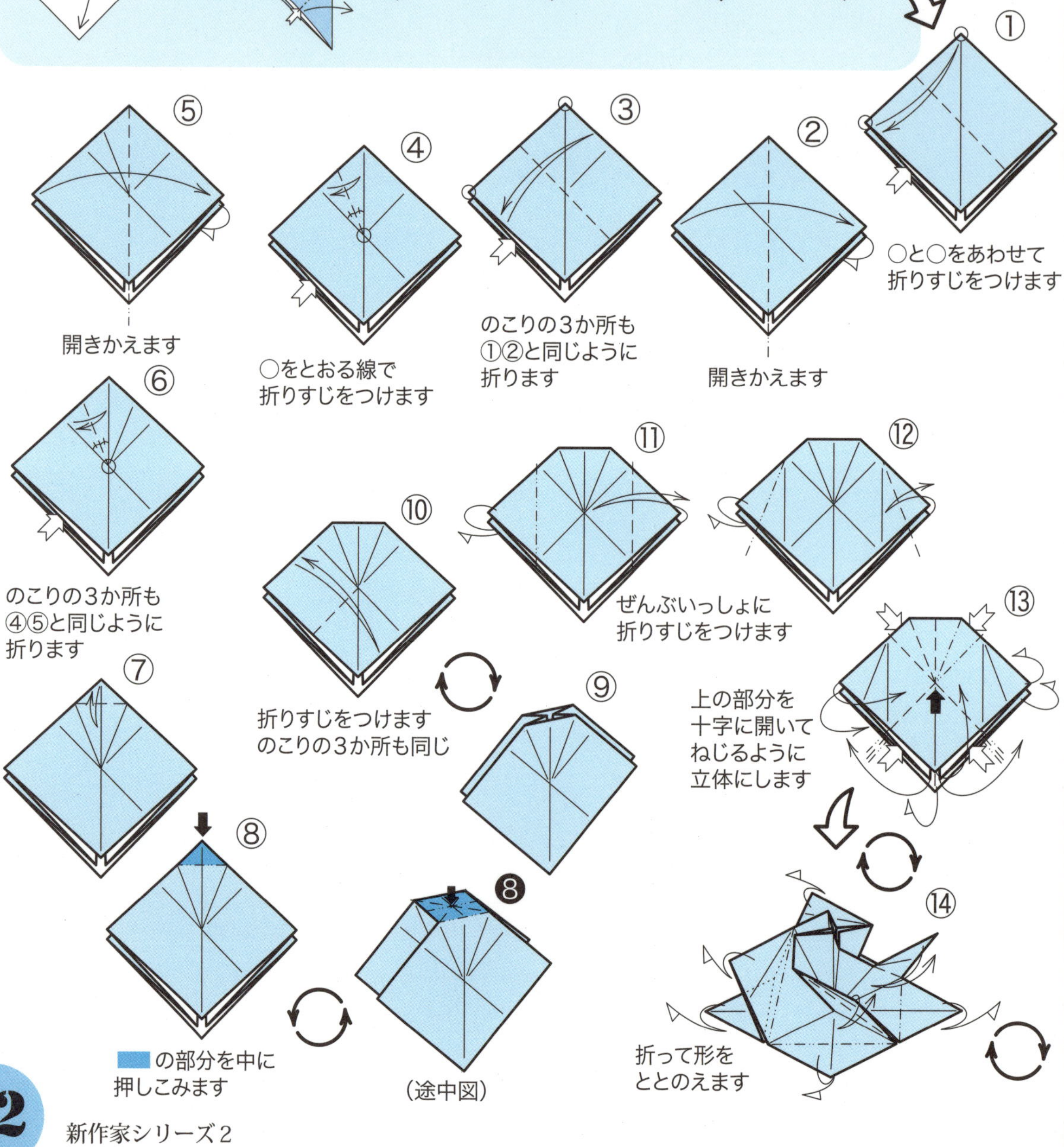

① ○と○をあわせて折りすじをつけます

② 開きかえます

③ のこりの3か所も①②と同じように折ります

④ ○をとおる線で折りすじをつけます

⑤ 開きかえます

⑥ のこりの3か所も④⑤と同じように折ります

⑦ 折りすじをつけます のこりの3か所も同じ

⑧ ■の部分を中に押しこみます

⑧ （途中図）

⑨

⑩

⑪ ぜんぶいっしょに折りすじをつけます

⑫

⑬ 上の部分を十字に開いてねじるように立体にします

⑭ 折って形をととのえます

32 新作家シリーズ2

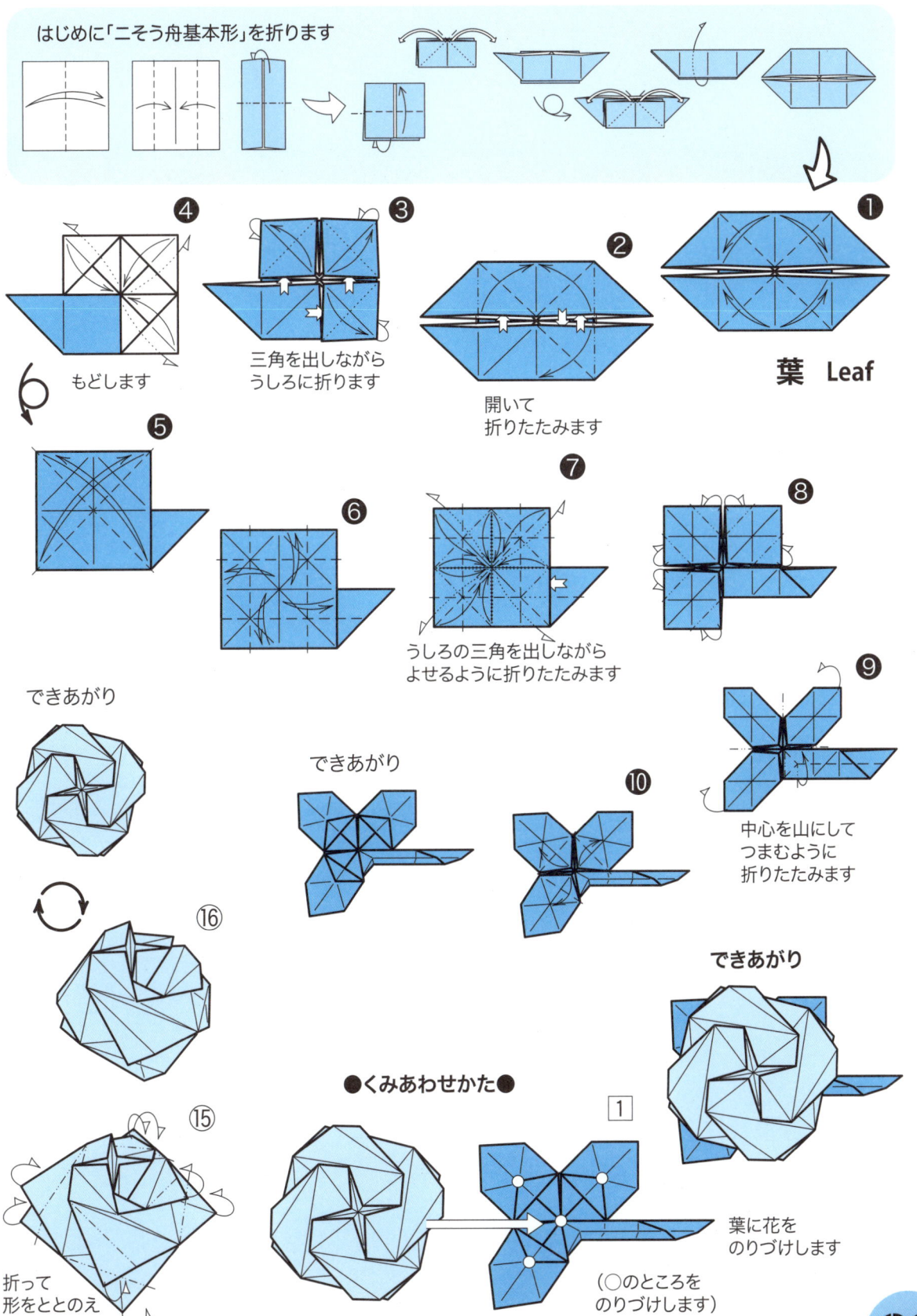

Tit
シジュウカラ

羽を折るところは多少ずれても気にしないでたたんでしまいましょう。

使用枚数：1枚／正方形

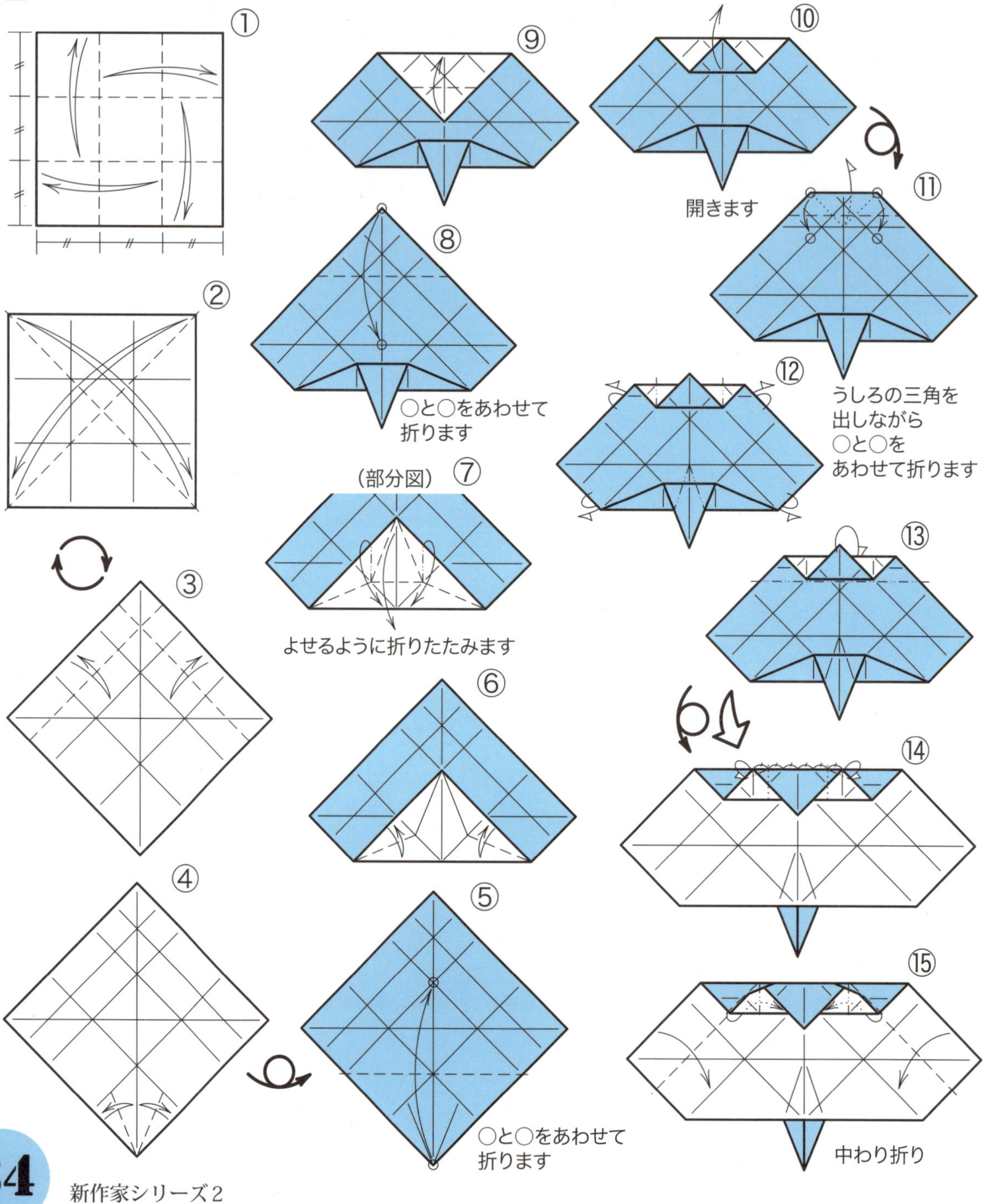

① ② ③ ④ ⑤ ○と○をあわせて折ります

⑥ ⑦ (部分図) よせるように折りたたみます

⑧ ○と○をあわせて折ります

⑨ ⑩ 開きます

⑪ ⑫ うしろの三角を出しながら○と○をあわせて折ります

⑬ ⑭ ⑮ 中わり折り

34　新作家シリーズ2

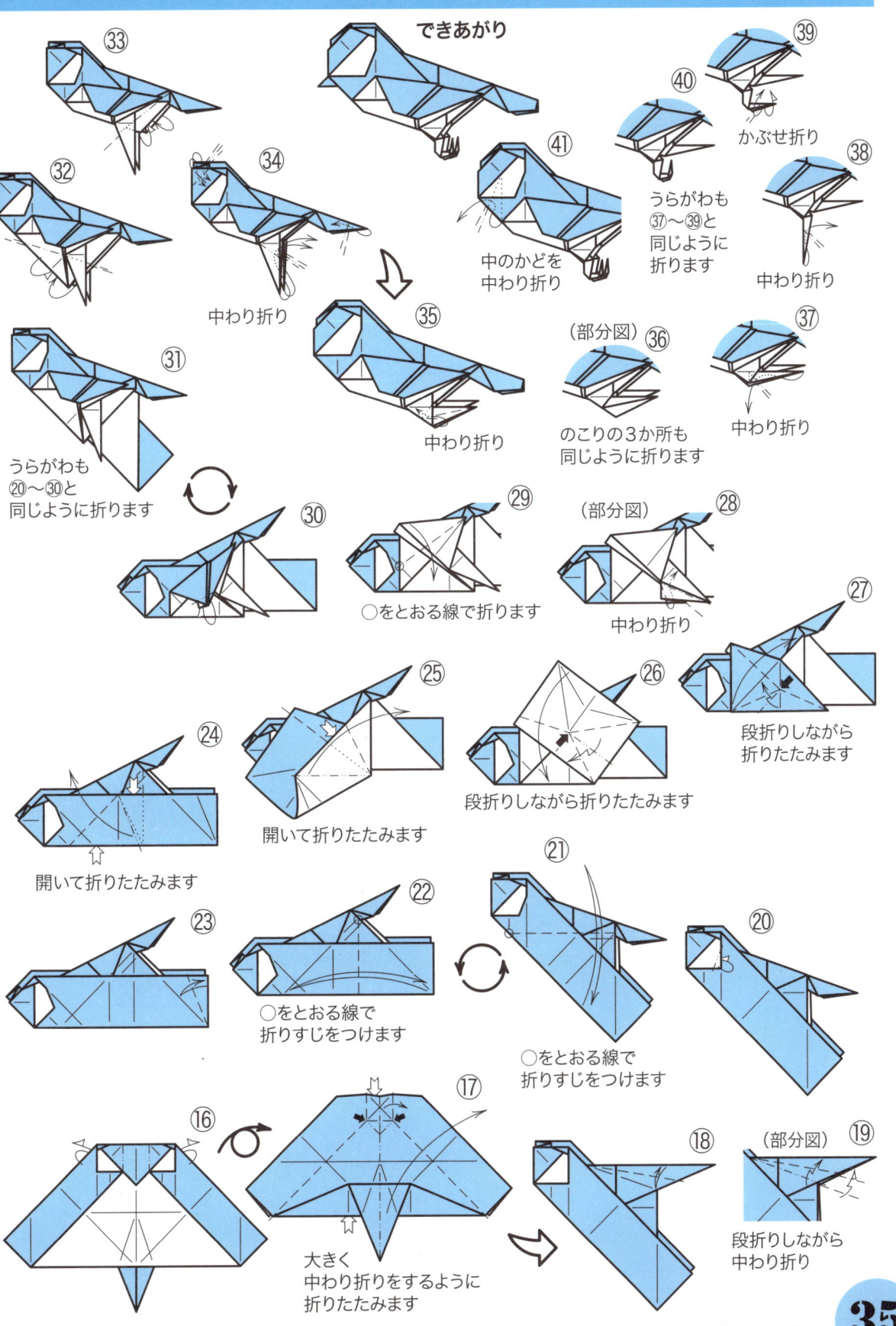

㉝ ㉞ できあがり ㊶ ㊵ ㊴
かぶせ折り
㊳
中わり折り

㉜ 中わり折り ㊱ 中のかどを 中わり折り うらがわも ㊲~㊴と 同じように 折ります 中わり折り

㉛ ㉟ （部分図）㊱ ㊲
うらがわも ⑳~㉚と 同じように 折ります 中わり折り のこりの3か所も 同じように折ります 中わり折り

㉚ ㉙ （部分図）㉘
○をとおる線で折ります 中わり折り

㉗
段折りしながら 折りたたみます

㉔ ㉕ ㉖
開いて折りたたみます 開いて折りたたみます 段折りしながら折りたたみます

㉓ ㉒ ㉑ ⑳
○をとおる線で 折りすじをつけます ○をとおる線で 折りすじをつけます

⑯ ⑰ ⑱ （部分図）⑲
大きく 中わり折りをするように 折りたたみます 段折りしながら 中わり折り

35

おしゃれくうかん｜リラックスくうかん｜ナチュラルくうかん｜エキサイトくうかん

新作家シリーズ2

Azure-winged magpie

オナガ

頭になる三角の部分に黒い紙を貼って折ると、より本物らしくなります。

使用枚数：1枚／正方形

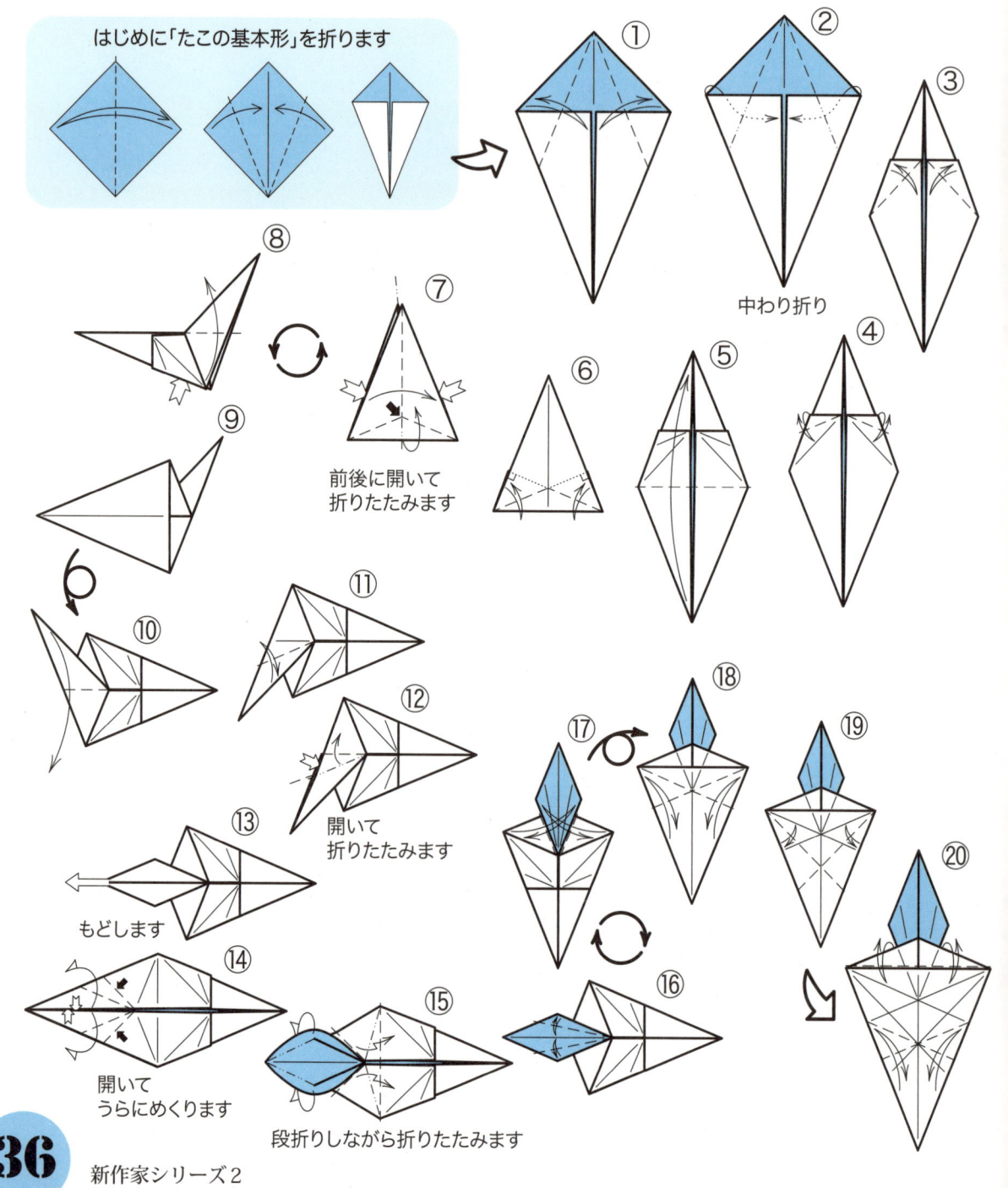

はじめに「たこの基本形」を折ります

中わり折り

⑦ 前後に開いて折りたたみます

⑫ 開いて折りたたみます

⑬ もどします

⑭ 開いてうらにめくります

⑮ 段折りしながら折りたたみます

36　新作家シリーズ2

㉚ かぶせ折り

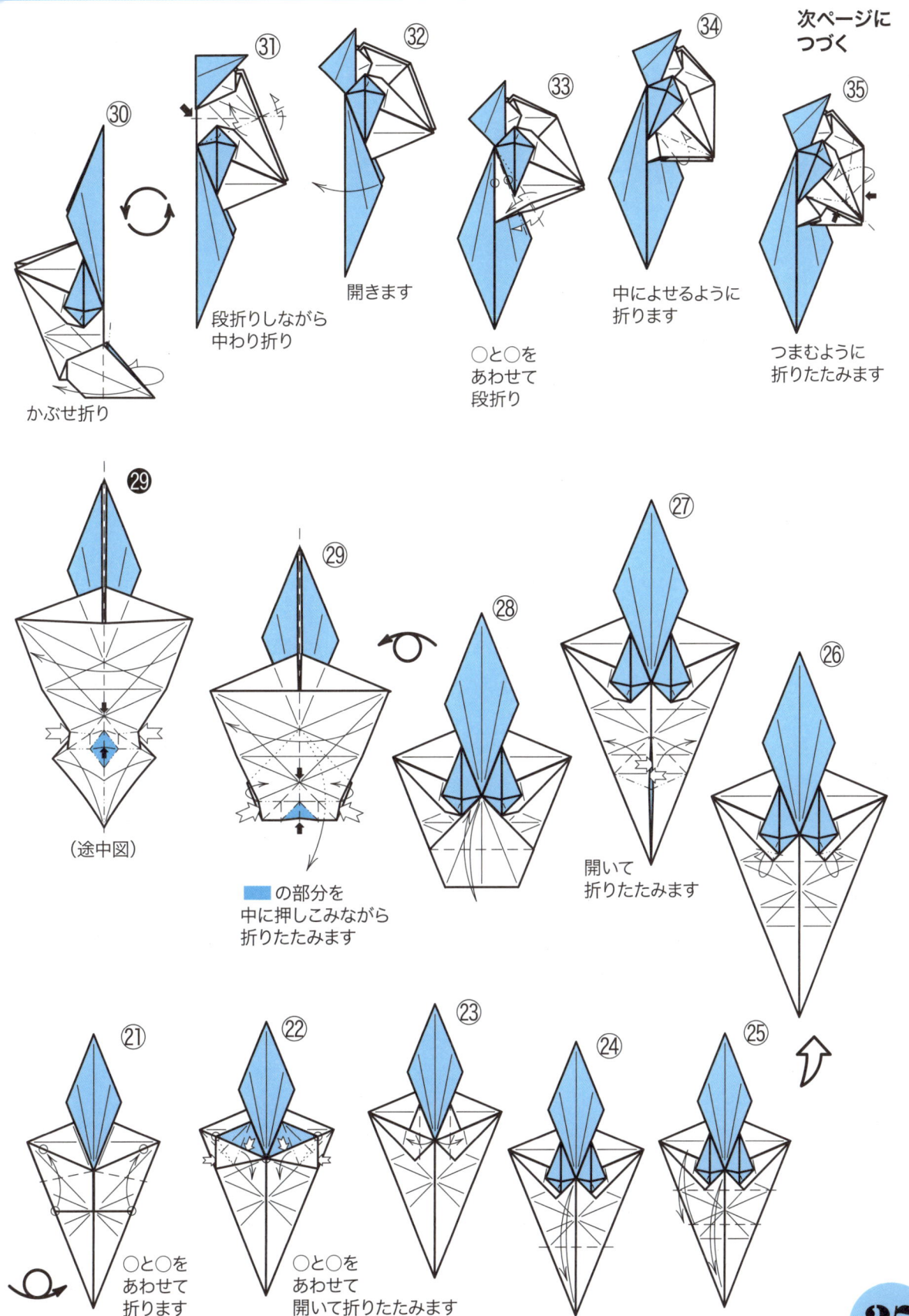

㉛ 段折りしながら中わり折り

㉜ 開きます

㉝ ○と○をあわせて段折り

㉞ 中によせるように折ります

㉟ つまむように折りたたみます

次ページにつづく

㉙ (途中図)

㉙ ■の部分を中に押しこみながら折りたたみます

㉘

㉗ 開いて折りたたみます

㉖

㉑ ○と○をあわせて折ります

㉒ ○と○をあわせて開いて折りたたみます

㉓

㉔

㉕

おしゃれくうかん｜リラックスくうかん｜ナチュラルくうかん｜エキサイトくうかん

新作家シリーズ2

37

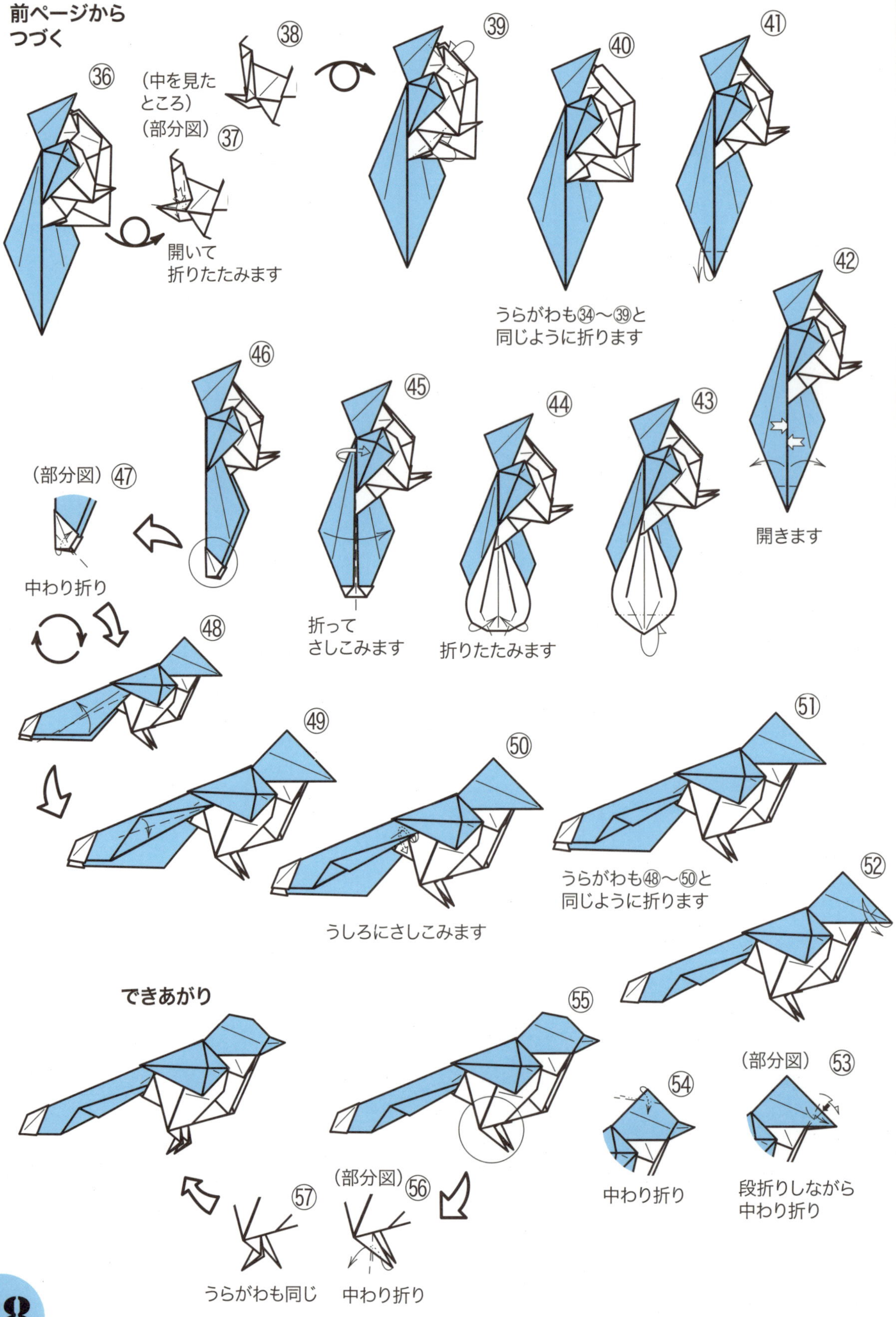
前ページからつづく
㊱
㊳
(中を見たところ)
(部分図) ㊲
開いて折りたたみます
㊴
㊵
㊶
うらがわも㉞〜㊴と同じように折ります
㊷
開きます
㊸
㊹
折りたたみます
㊺
折ってさしこみます
㊻
(部分図) ㊼
中わり折り
㊽
㊾
㊿
うしろにさしこみます
(51)
うらがわも㊽〜㊿と同じように折ります
(52)
(部分図) (53)
段折りしながら中わり折り
(54)
中わり折り
(55)
(部分図) (56)
中わり折り
(57)
うらがわも同じ
できあがり

Kingfisher

カワセミ

折りの後半は羽の内側の色を変えるために複雑になっています。

使用枚数：1枚／正方形

はじめに「風船基本形」を折ります

次ページにつづく

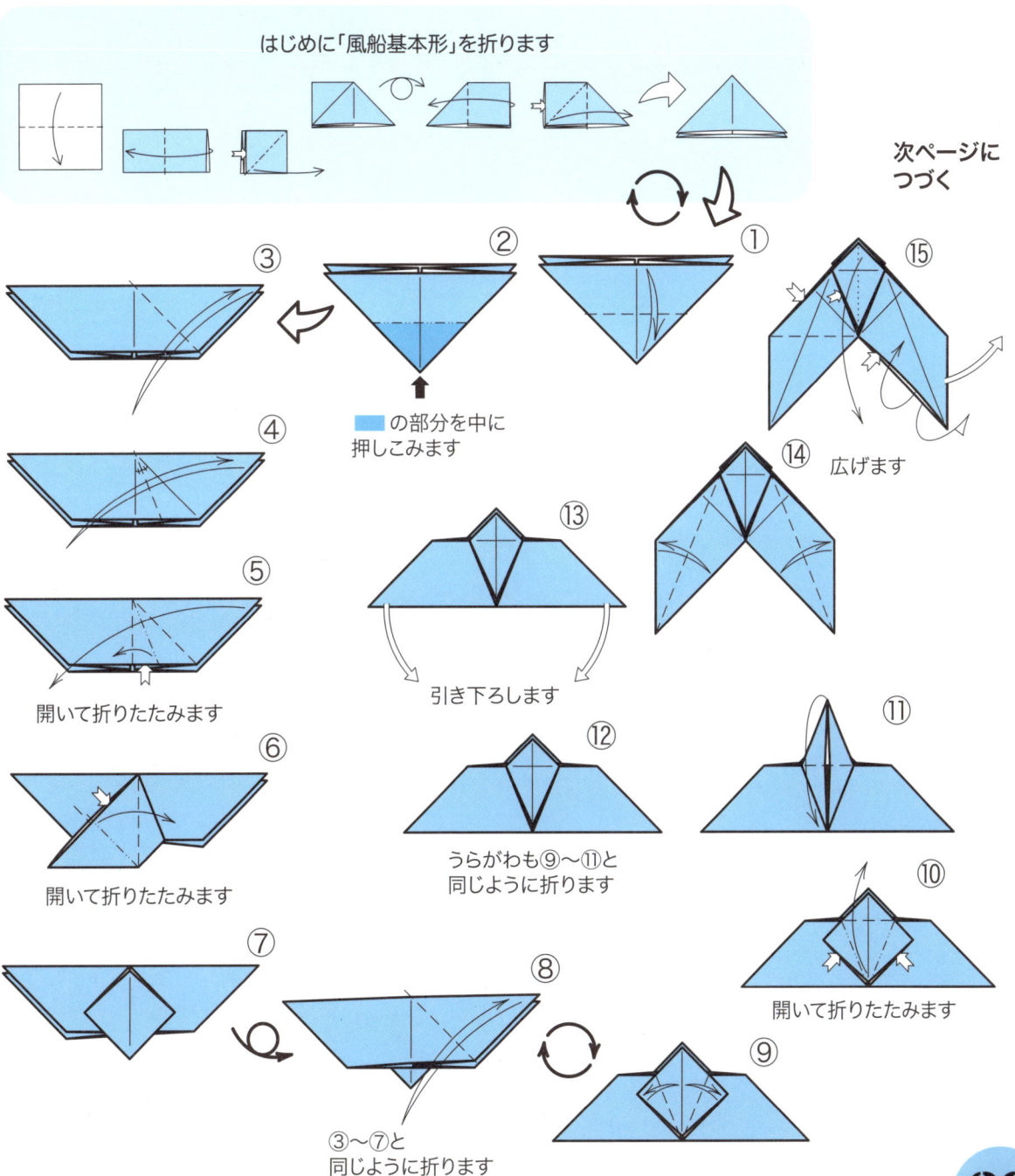

① ② ③ ④ ⑤ 開いて折りたたみます
⑥ 開いて折りたたみます
⑦ ⑧ ③〜⑦と同じように折ります
⑨ ⑩ 開いて折りたたみます
⑪ ⑫ うらがわも⑨〜⑪と同じように折ります
⑬ 引き下ろします
⑭ 広げます
⑮

■の部分を中に押しこみます

39

新作家シリーズ2

（途中図） ⑯

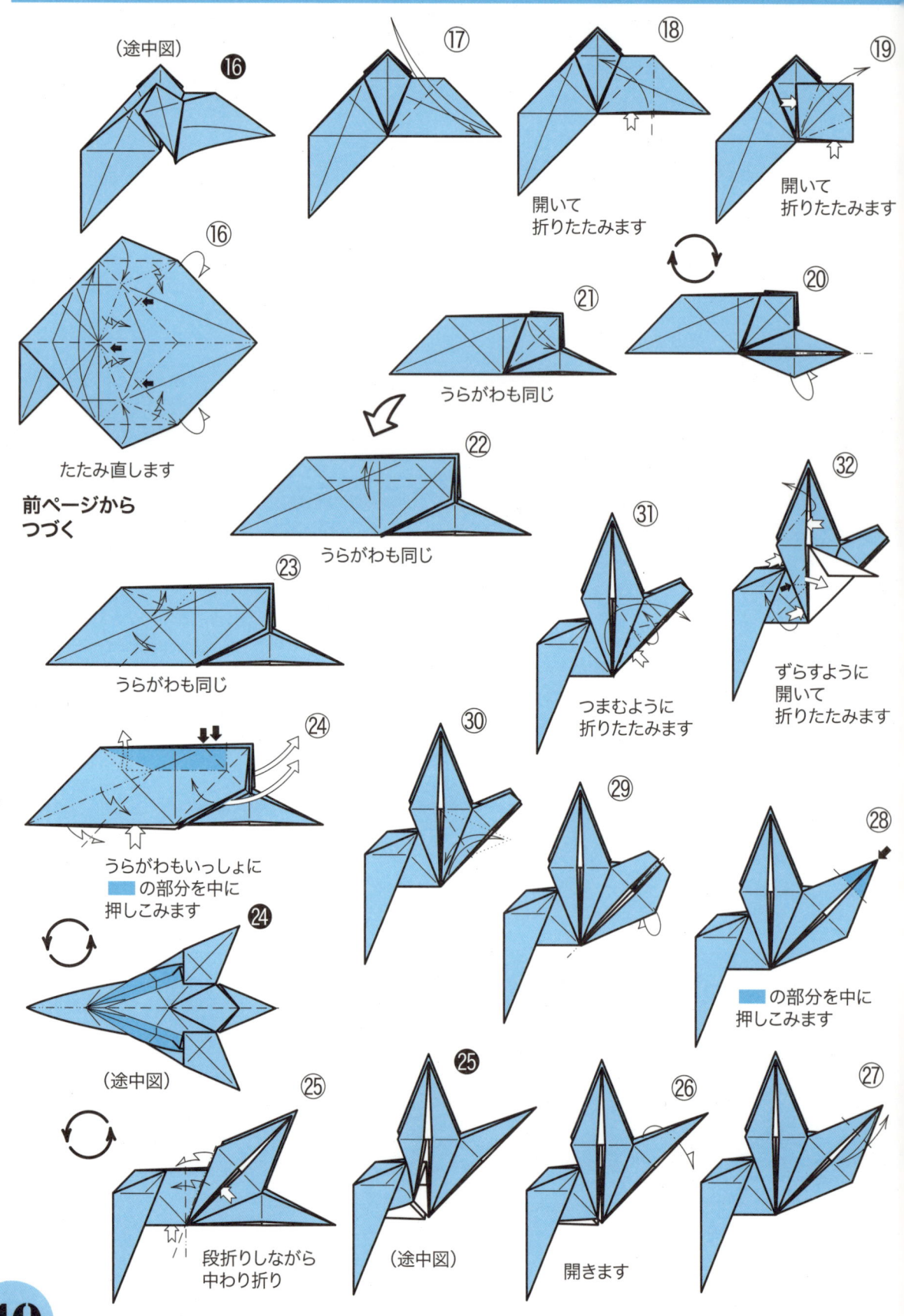

⑰

⑱ 開いて
折りたたみます

⑲ 開いて
折りたたみます

⑯ たたみ直します

前ページから
つづく

㉑ うらがわも同じ

⑳

㉒ うらがわも同じ

㉓ うらがわも同じ

㉔ うらがわもいっしょに
■の部分を中に
押しこみます

㉔ （途中図）

㉚

㉛ つまむように
折りたたみます

㉜ ずらすように
開いて
折りたたみます

㉙

㉘ ■の部分を中に
押しこみます

㉕ 段折りしながら
中わり折り

㉕ （途中図）

㉖ 開きます

㉗

40　新作家シリーズ2

おしゃれ くうかん
リラックス くうかん
ナチュラル くうかん
エキサイト くうかん

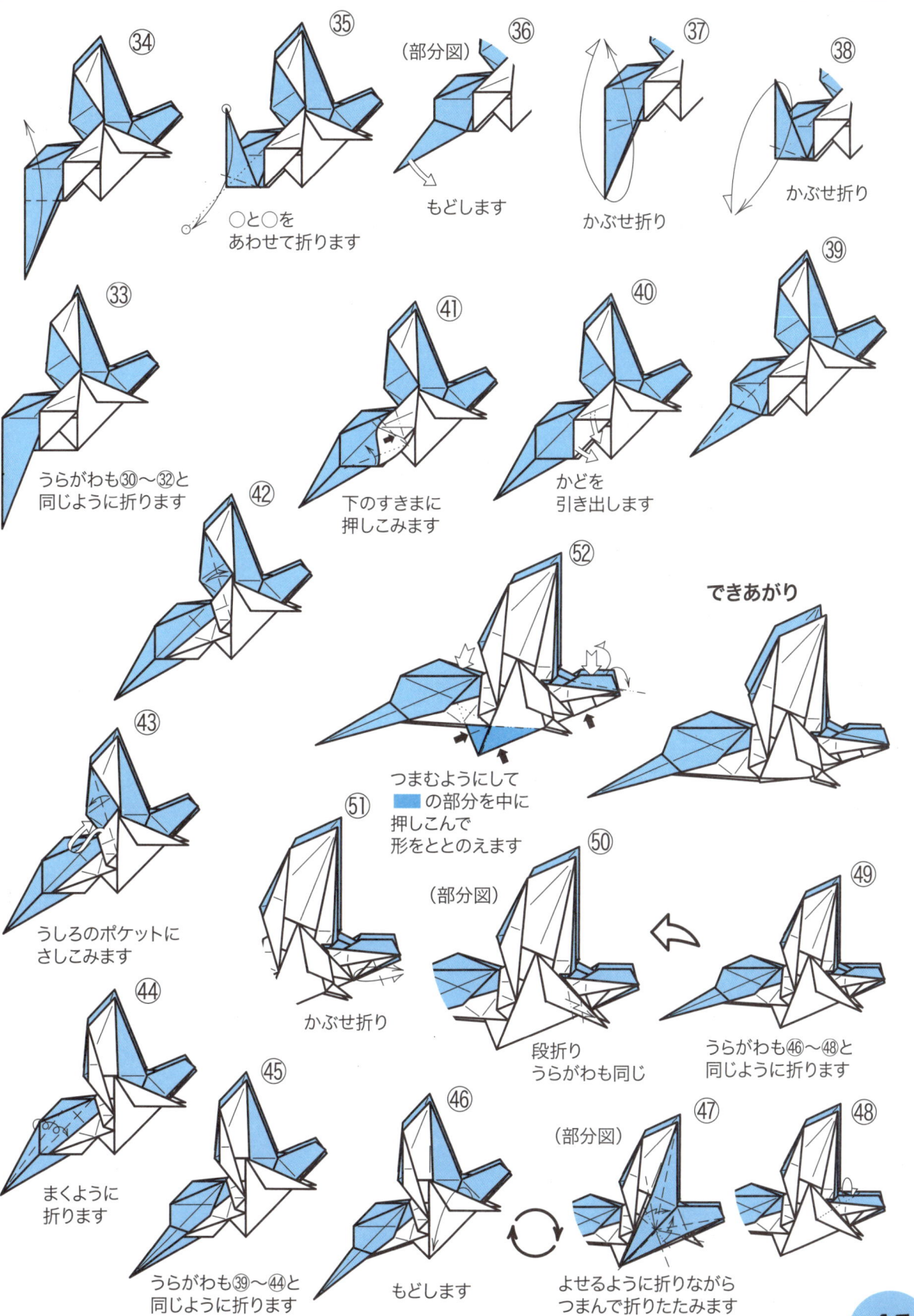

㉞

㉟ ○と○を
あわせて折ります

㊱ (部分図) もどします

㊲ かぶせ折り

㊳ かぶせ折り

㉝ うらがわも㉚〜㉜と
同じように折ります

㊶ 下のすきまに
押しこみます

㊵ かどを
引き出します

㊴

㊷

㊸ うしろのポケットに
さしこみます

㊺ まくように
折ります

㊹

㊻ うらがわも㊴〜㊹と
同じように折ります

㊼ (部分図)
もどします

㊽ よせるように折りながら
つまんで折りたたみます

㊾

㊿ 段折り
うらがわも同じ

51 かぶせ折り

52 つまむようにして
■の部分を中に
押しこんで形をととのえます

できあがり

おしゃれくうかん
リラックスくうかん
ナチュラルくうかん
エキサイトくうかん

41
新作家シリーズ2

Giraffe
キリン

24cm 角以上の大きな折り紙で折りましょう。

使用枚数：1枚／正方形

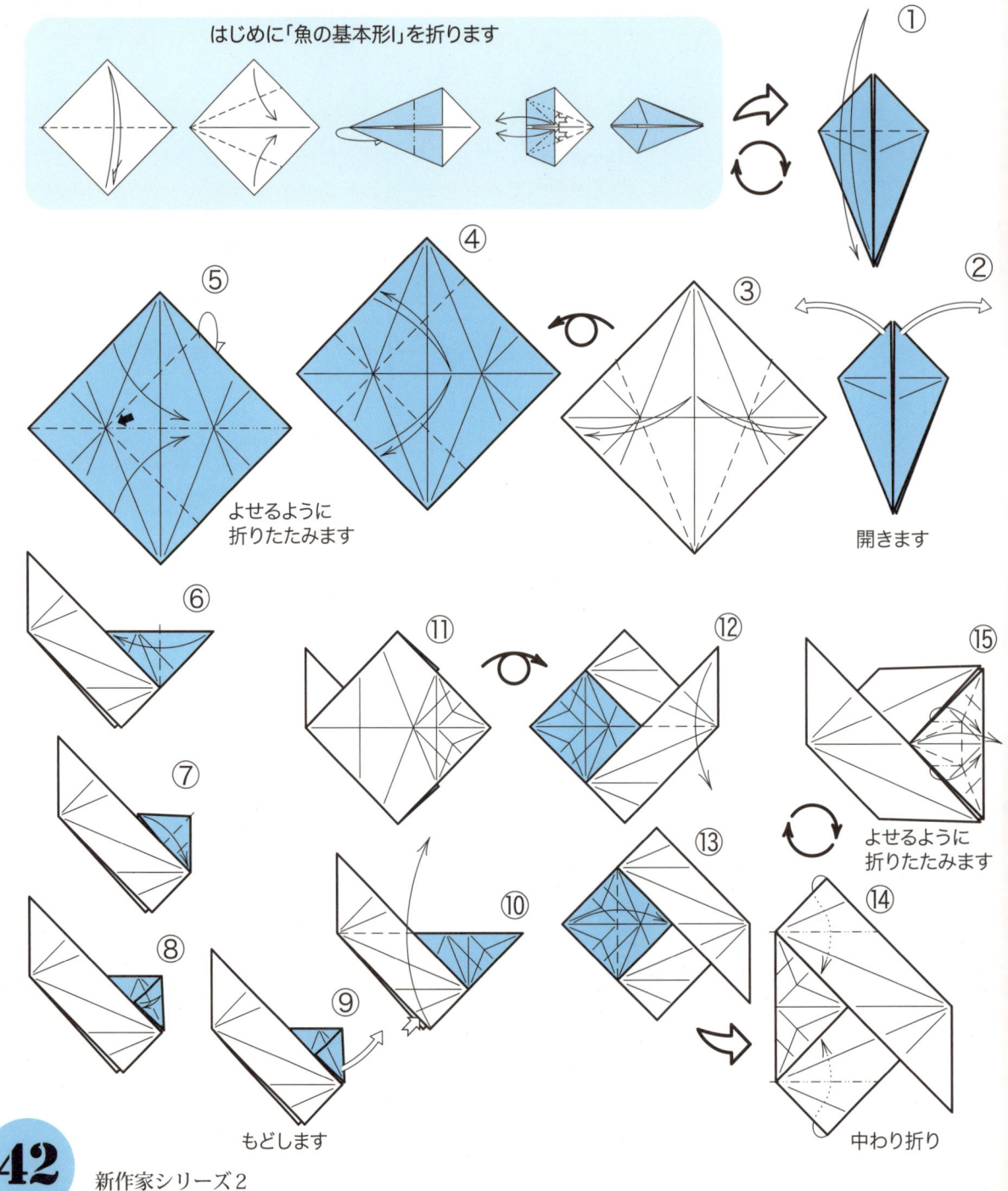

はじめに「魚の基本形」を折ります

① ② 開きます ③ ④ ⑤ よせるように折りたたみます ⑥ ⑦ ⑧ ⑨ もどします ⑩ ⑪ ⑫ ⑬ ⑭ 中わり折り ⑮ よせるように折りたたみます

42 新作家シリーズ2

㉜ ㉝ ㉞ ㉟ ㊱

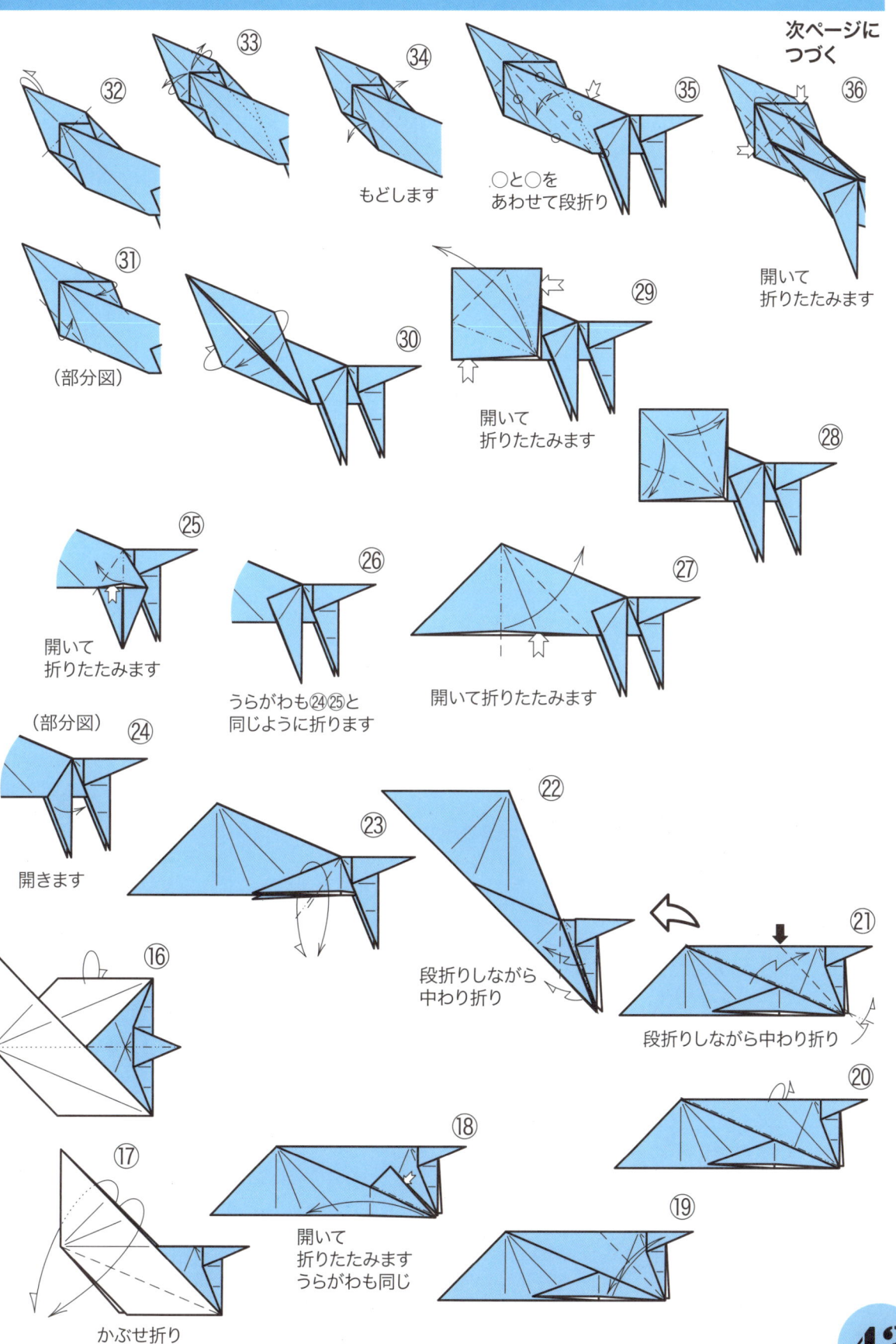

もどします　　○と○を
　　　　　　あわせて段折り

次ページに
つづく

開いて
折りたたみます

㉛
（部分図）　㉚　　　　　　　　　㉙

開いて
折りたたみます

㉘

㉕　　　　　㉖　　　　　　㉗

開いて
折りたたみます

うらがわも㉔㉕と
同じように折ります

開いて折りたたみます

（部分図）㉔

開きます

⑯　　　　　　　　　㉓　　　　　　　㉒　　　　　　　　㉑

段折りしながら
中わり折り

段折りしながら中わり折り

⑳

⑰　　　　⑱　　　　　　　　　⑲

開いて
折りたたみます
うらがわも同じ

かぶせ折り

43

おしゃれ くうかん ｜ リラックスくうかん ｜ ナチュラルくうかん ｜ エキサイトくうかん

新作家シリーズ2

前ページから
つづく

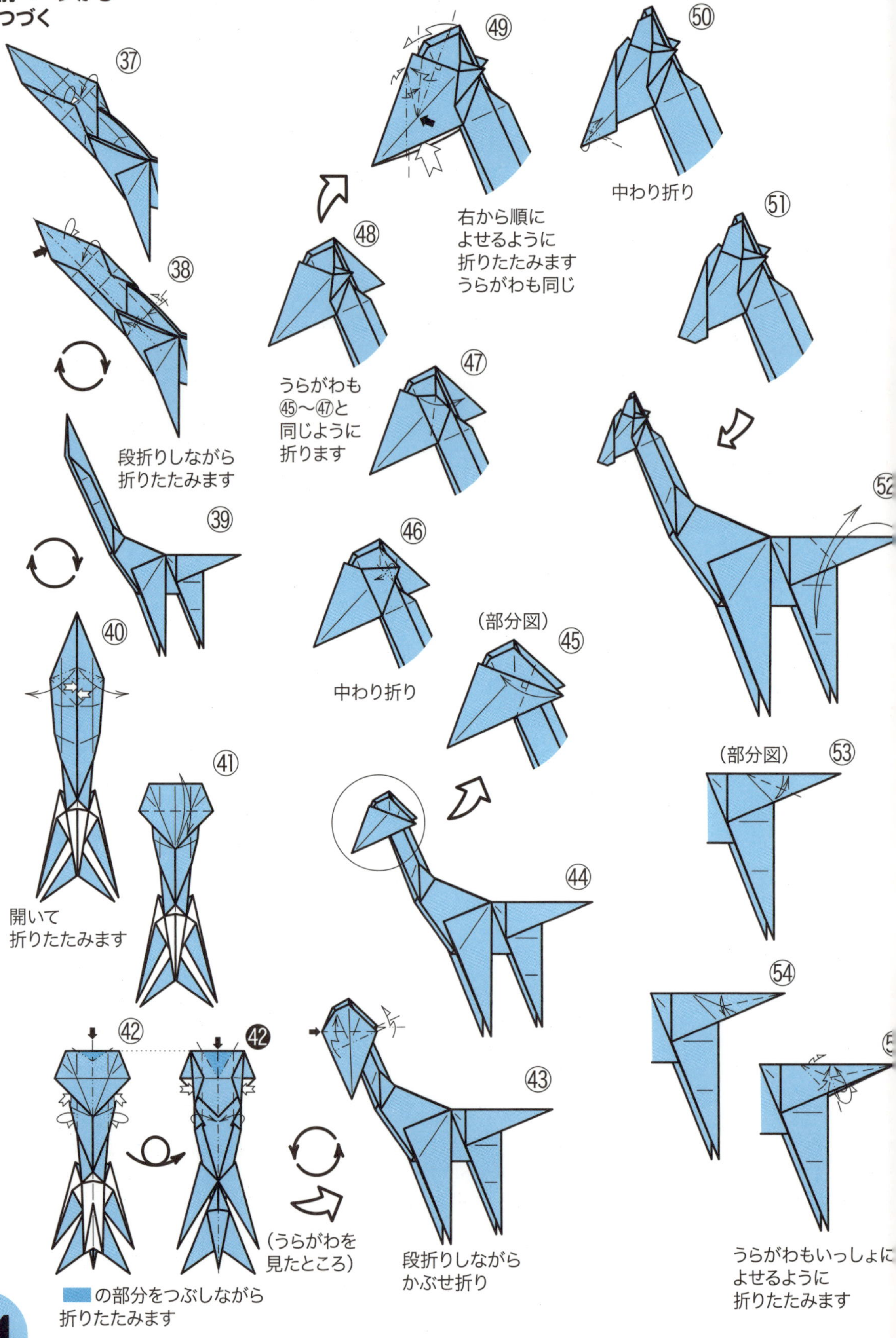
(37)
(38)
段折りしながら
折りたたみます
(39)
(40)
開いて
折りたたみます
(41)
(42)
(42)
の部分をつぶしながら
折りたたみます
(うらがわを
見たところ)
(43)
段折りしながら
かぶせ折り
(44)
(部分図)
(45)
(46)
中わり折り
(47)
(48)
うらがわも
(45)～(47)と
同じように
折ります
(49)
右から順に
よせるように
折りたたみます
うらがわも同じ
(50)
中わり折り
(51)
(52)
(部分図)
(53)
(54)
うらがわもいっしょに
よせるように
折りたたみます

㊿ 段折りしながら
かぶせ折り

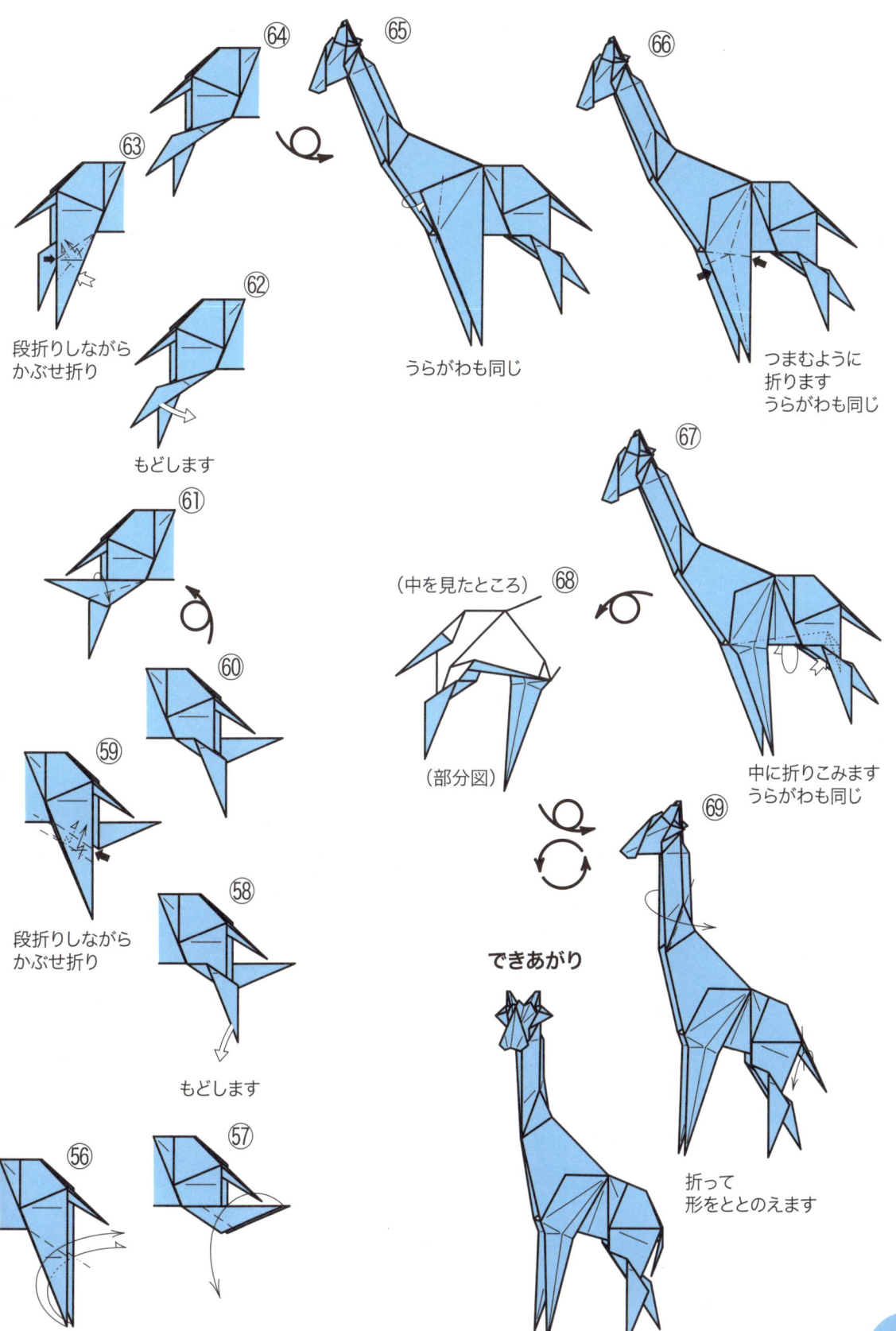

㊽ もどします

㊻

㊼

㊾ 段折りしながら
かぶせ折り

㊿ もどします

㊽

㊾

うらがわも同じ

（中を見たところ）
（部分図）

つまむように
折ります
うらがわも同じ

中に折りこみます
うらがわも同じ

できあがり

折って
形をととのえます

おしゃれ くうかん｜リラックス くうかん｜ナチュラル くうかん｜エキサイト くうかん

新作家シリーズ2

45

Komodo dragon

コモドオオトカゲ

ずらすように段折りする折り方が多用されている作品です。

使用枚数：1枚／正方形

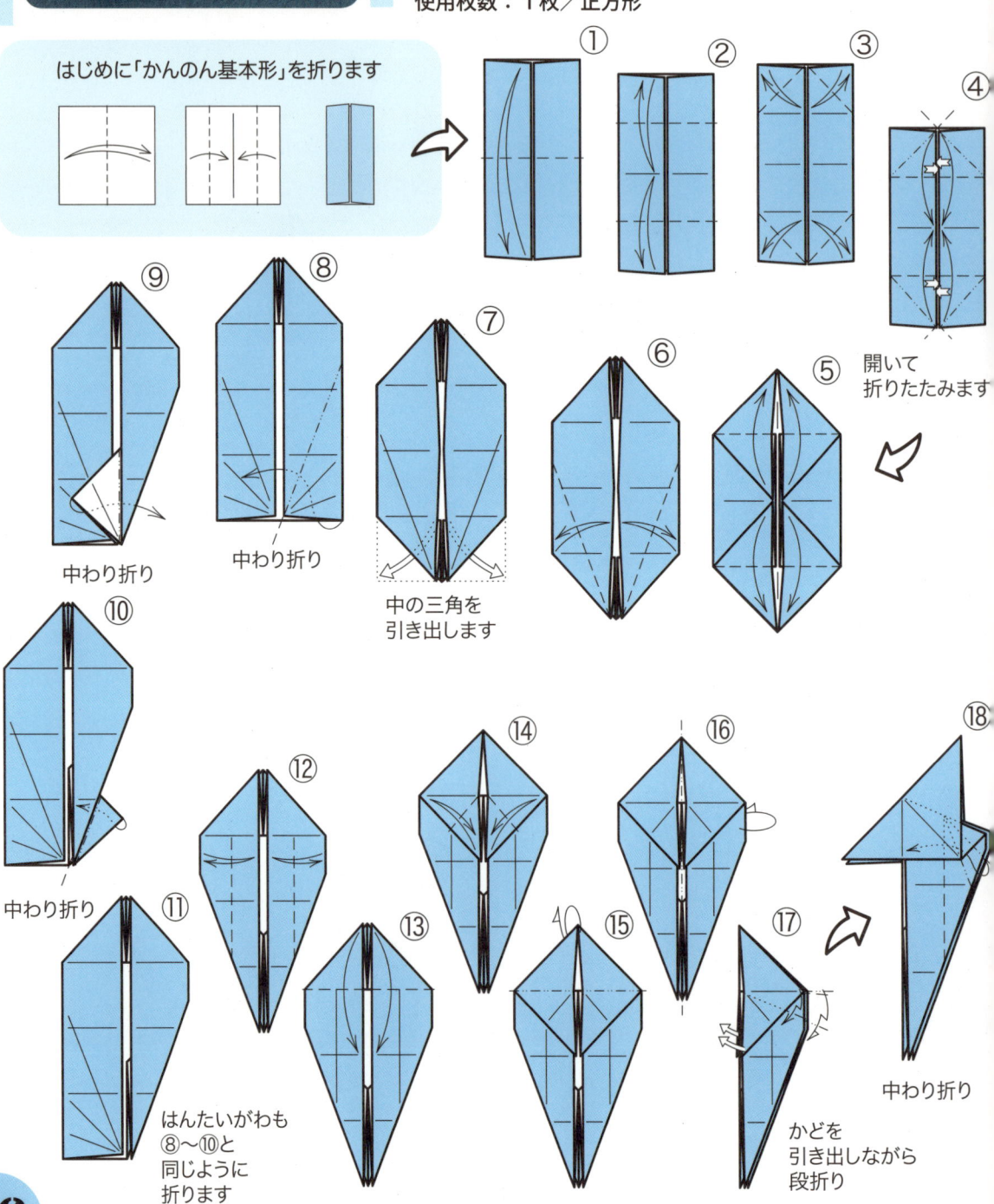

はじめに「かんのん基本形」を折ります

④ 開いて折りたたみます

⑦ 中の三角を引き出します

⑨ 中わり折り
⑧ 中わり折り

⑩ 中わり折り

⑪ はんたいがわも⑧〜⑩と同じように折ります

⑰ かどを引き出しながら段折り

⑱ 中わり折り

46　新作家シリーズ2

おしゃれくうかん
リラックスくうかん
ナチュラルくうかん
エキサイトくうかん

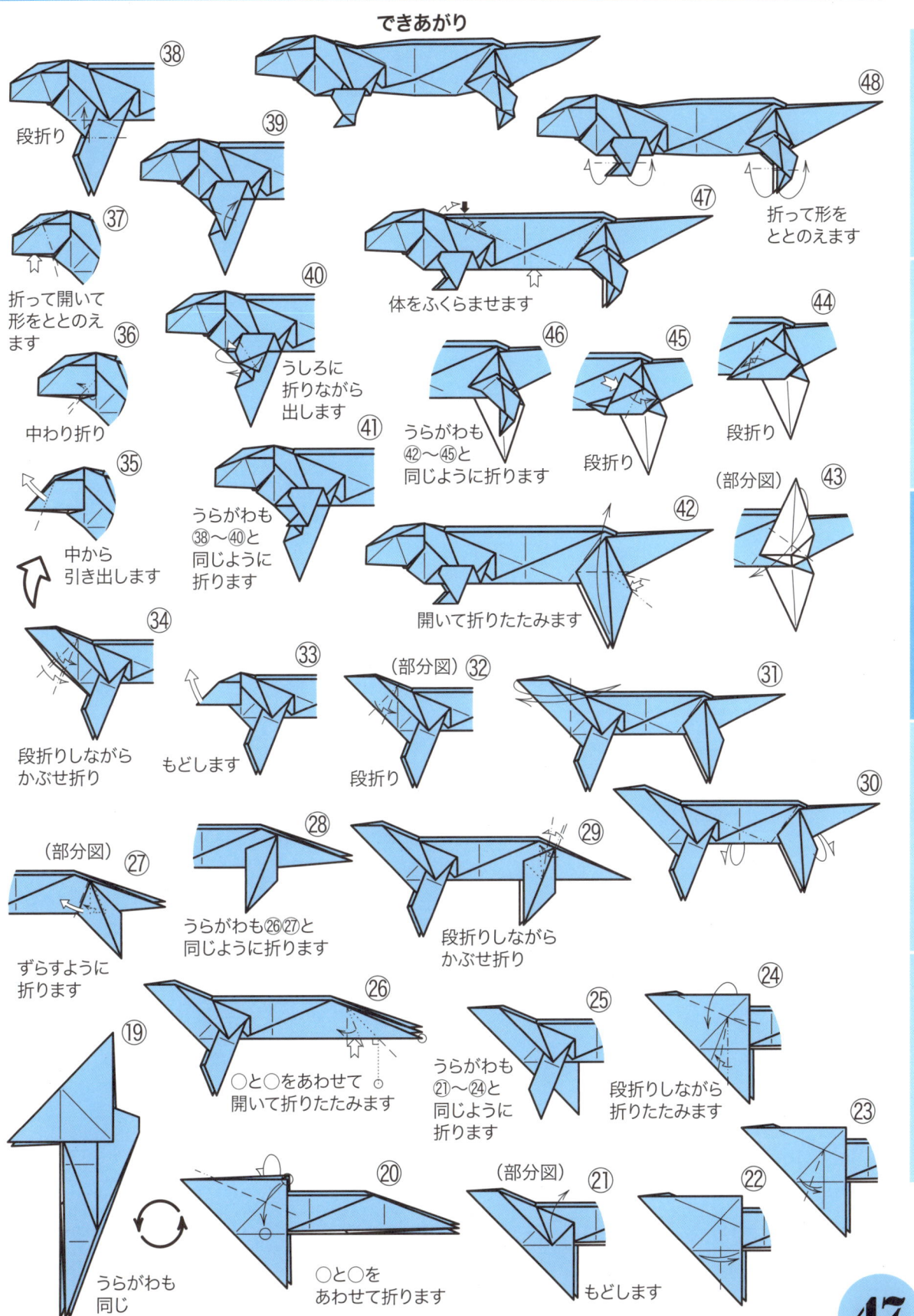

㊲ 折って開いて形をととのえます

㊳ 段折り

㊴

㊵

できあがり

㊶ うしろに折りながら出します

体をふくらませます

㊼ 折って形をととのえます

㊽

㊻

㊺ 段折り

㊹ 段折り

㊸ （部分図）

㊱ 中わり折り

㉟ 中から引き出します

㊶ うらがわも㊳～㊵と同じように折ります

㊷ 開いて折りたたみます

㊻ うらがわも㊷～㊺と同じように折ります

㉞ 段折りしながらかぶせ折り

㉝ もどします

㉜ （部分図） 段折り

㉛

㉚

㉗ （部分図） ずらすように折ります

㉘ うらがわも㉖㉗と同じように折ります

㉙ 段折りしながらかぶせ折り

⑲

㉖ ○と○をあわせて開いて折りたたみます

㉕ うらがわも㉑～㉔と同じように折ります

㉔ 段折りしながら折りたたみます

㉓

⑳ ○と○をあわせて折ります

㉑ （部分図）

㉒ もどします

うらがわも同じ

新作家シリーズ2

47

おしゃれ くうかん ｜ リラックス くうかん ｜ ナチュラル くうかん ｜ エキサイト くうかん

Koala
コアラ

普通の裏が白い15cm角の折り紙で折るほうがかわいらしくできるでしょう。手と足で木につかまるような形にしたので、指にとまらせてあそべます。

使用枚数：1枚／正方形　　（月刊おりがみ386号掲載）

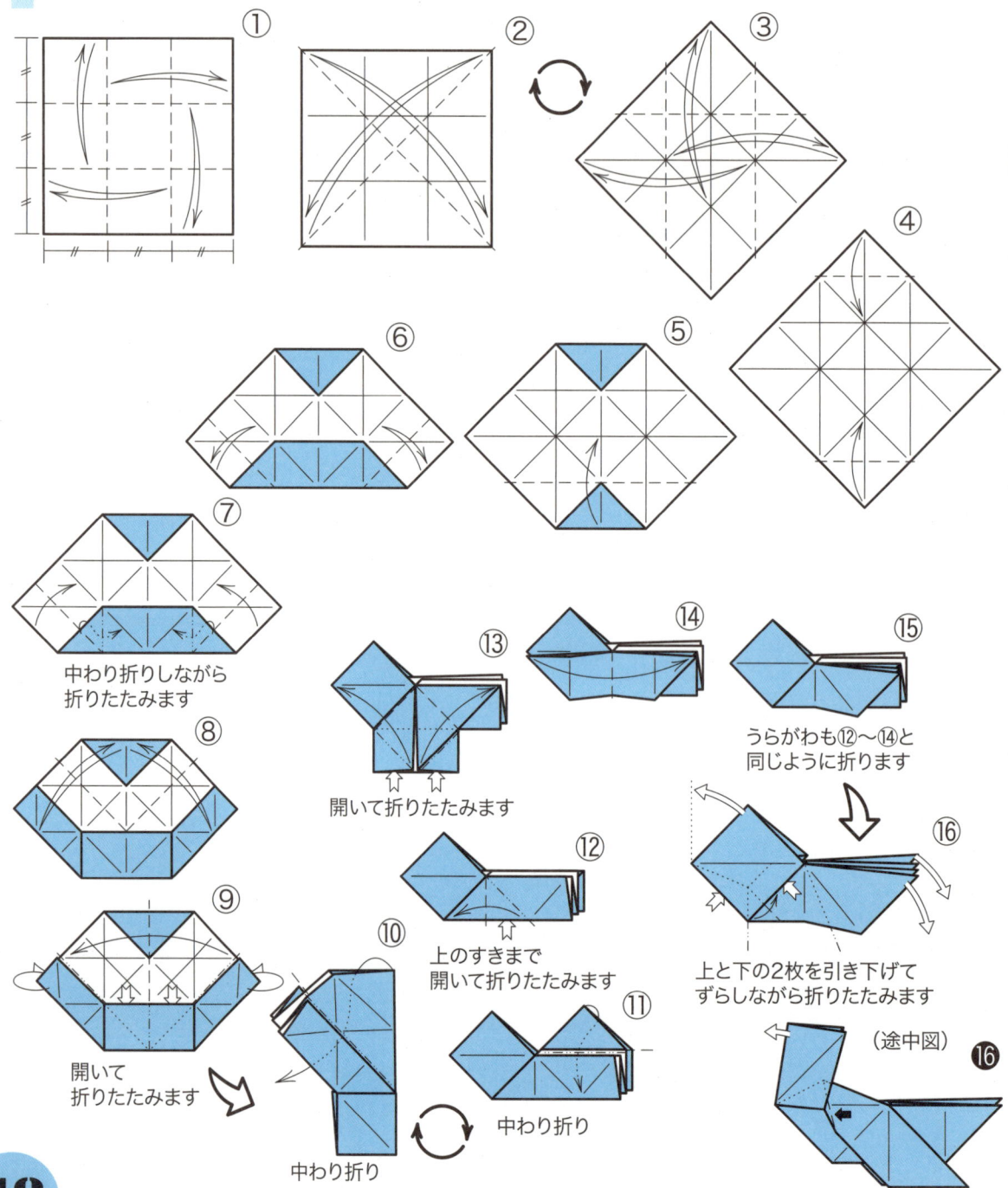

① ② ③ ④ ⑤ ⑥

⑦ 中わり折りしながら折りたたみます

⑧

⑨ 開いて折りたたみます

⑩ 中わり折り

⑪ 中わり折り

⑫ 上のすきまで開いて折りたたみます

⑬ 開いて折りたたみます

⑭

⑮ うらがわも⑫〜⑭と同じように折ります

⑯ 上と下の2枚を引き下げてずらしながら折りたたみます

⑯（途中図）

48　新作家シリーズ2

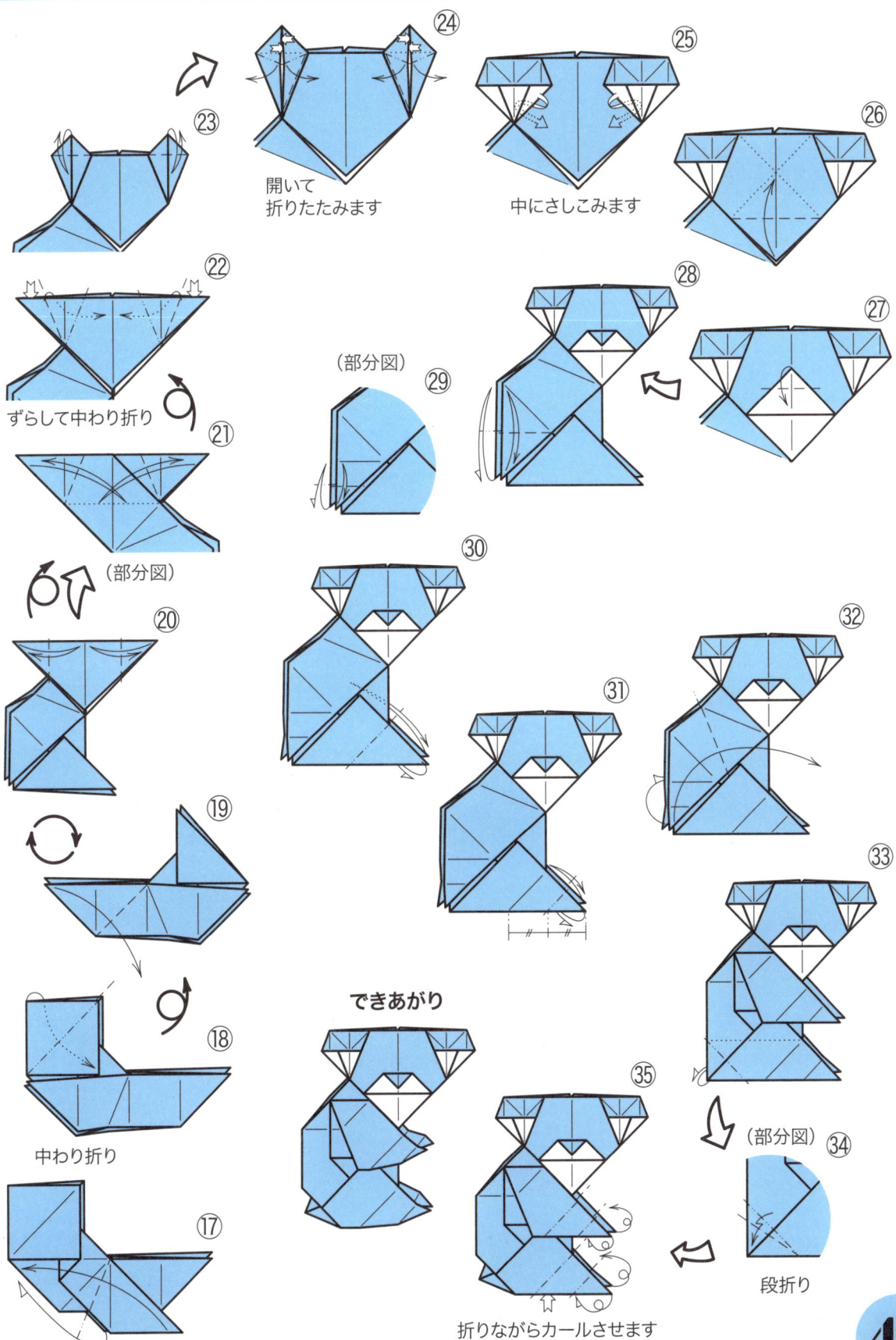

㉓

㉔ 開いて折りたたみます

㉕ 中にさしこみます

㉖

㉒ ずらして中わり折り

㉑

（部分図）㉙

㉘

㉗

⑳

㉚

㉜

⑲

㉛

㉝

⑱ 中わり折り

できあがり

㉟ 折りながらカールさせます

（部分図）㉞ 段折り

⑰

新作家シリーズ2

おしゃれくうかん｜リラックスくうかん｜ナチュラルくうかん｜エキサイトくうかん

49

Raccoon

アライグマ

体を折りたたむ図⑱がむずかしいところですが、図⑲をよく見て折ってみましょう。

使用枚数：1枚／正方形

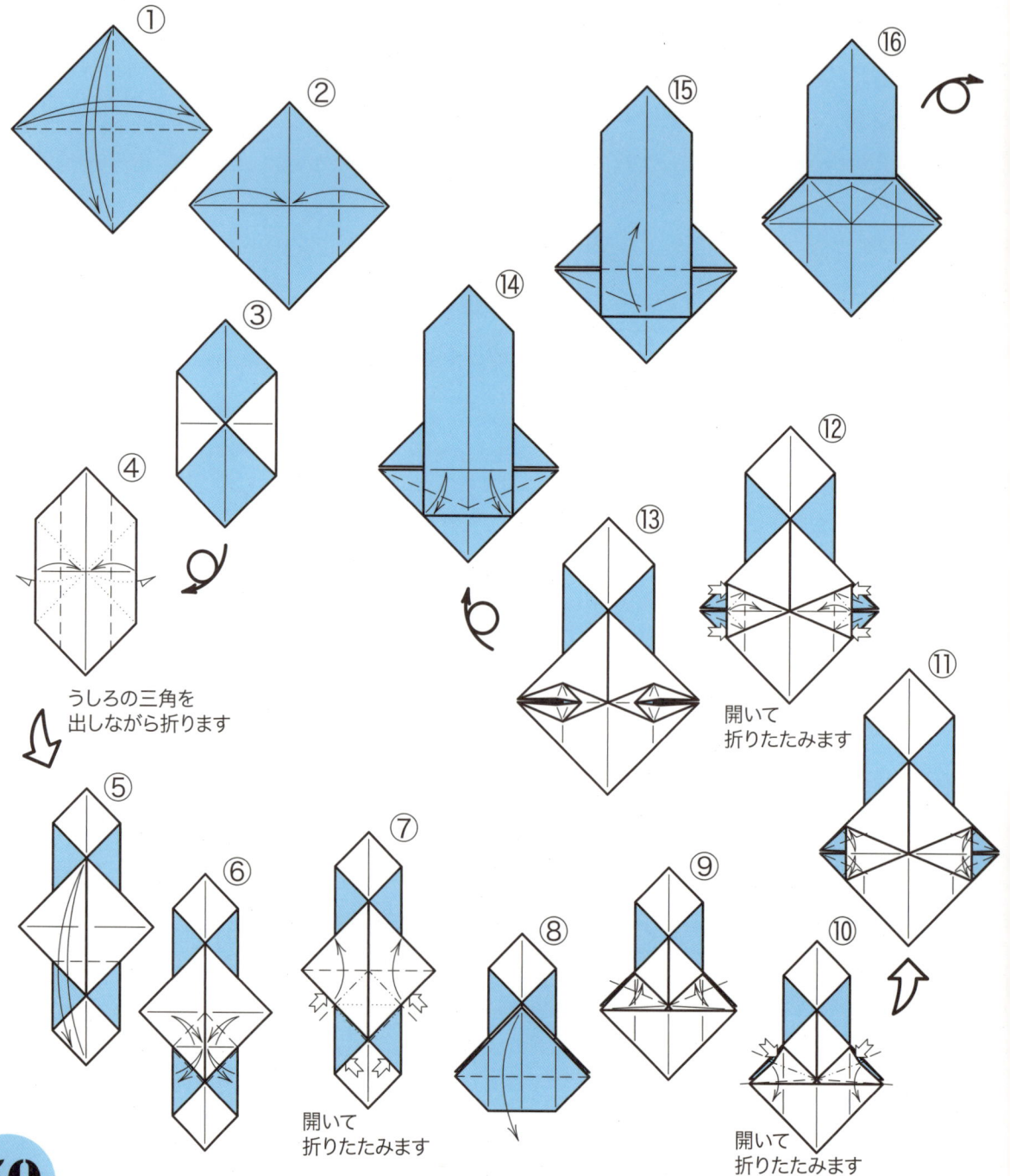

うしろの三角を
出しながら折ります

開いて
折りたたみます

開いて
折りたたみます

開いて
折りたたみます

新作家シリーズ2

⑰ 中にさしこみます

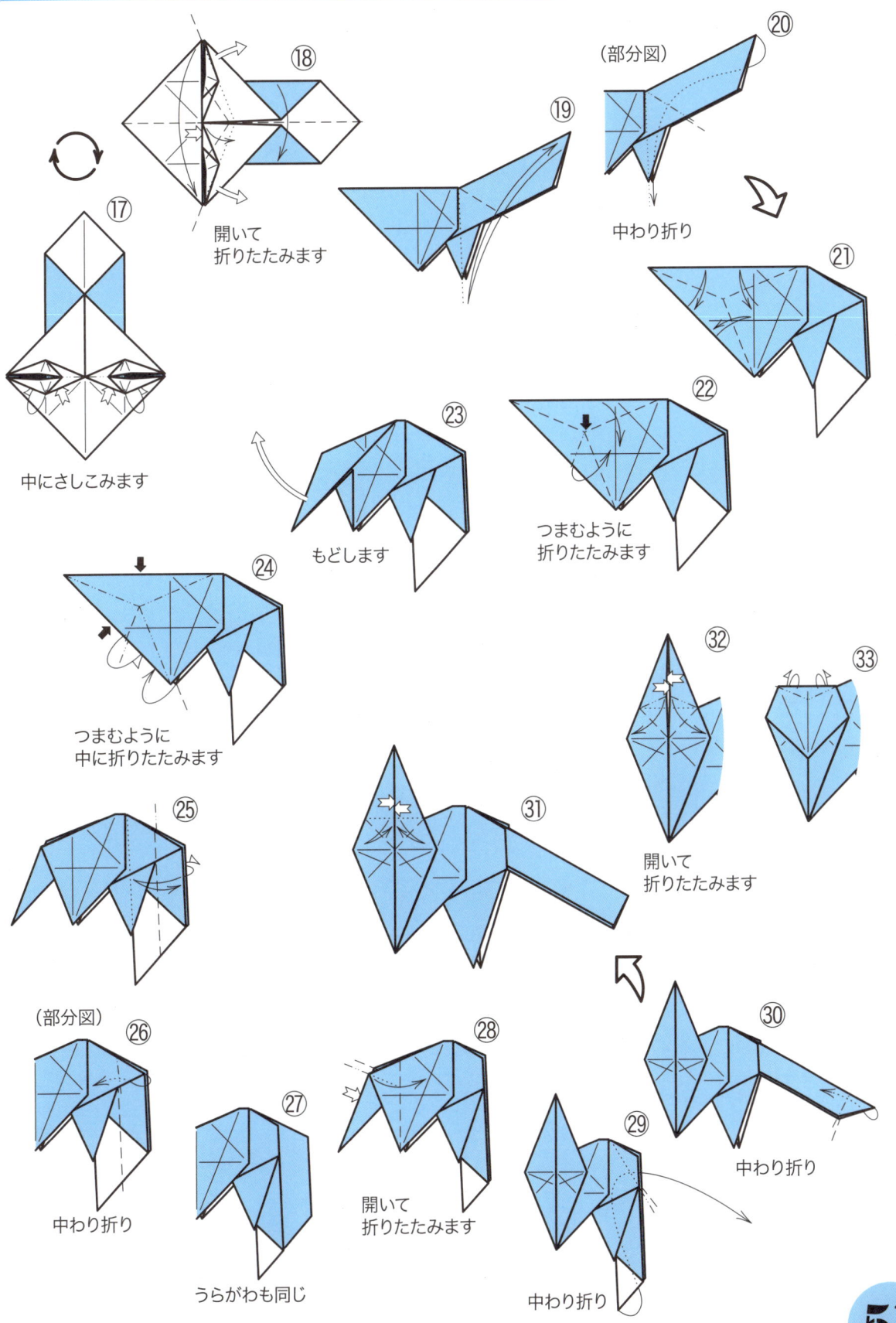

⑱ 開いて折りたたみます

⑲

⑳ 中わり折り
(部分図)

㉑

㉒ つまむように折りたたみます

㉓ もどします

㉔ つまむように中に折りたたみます

㉕

㉖ 中わり折り
(部分図)

㉗ うらがわも同じ

㉘ 開いて折りたたみます

㉙ 中わり折り

㉚ 中わり折り

㉛

㉜ 開いて折りたたみます

㉝

新作家シリーズ2

51

おしゃれくうかん｜リラックスくうかん｜ナチュラルくうかん｜エキサイトくうかん

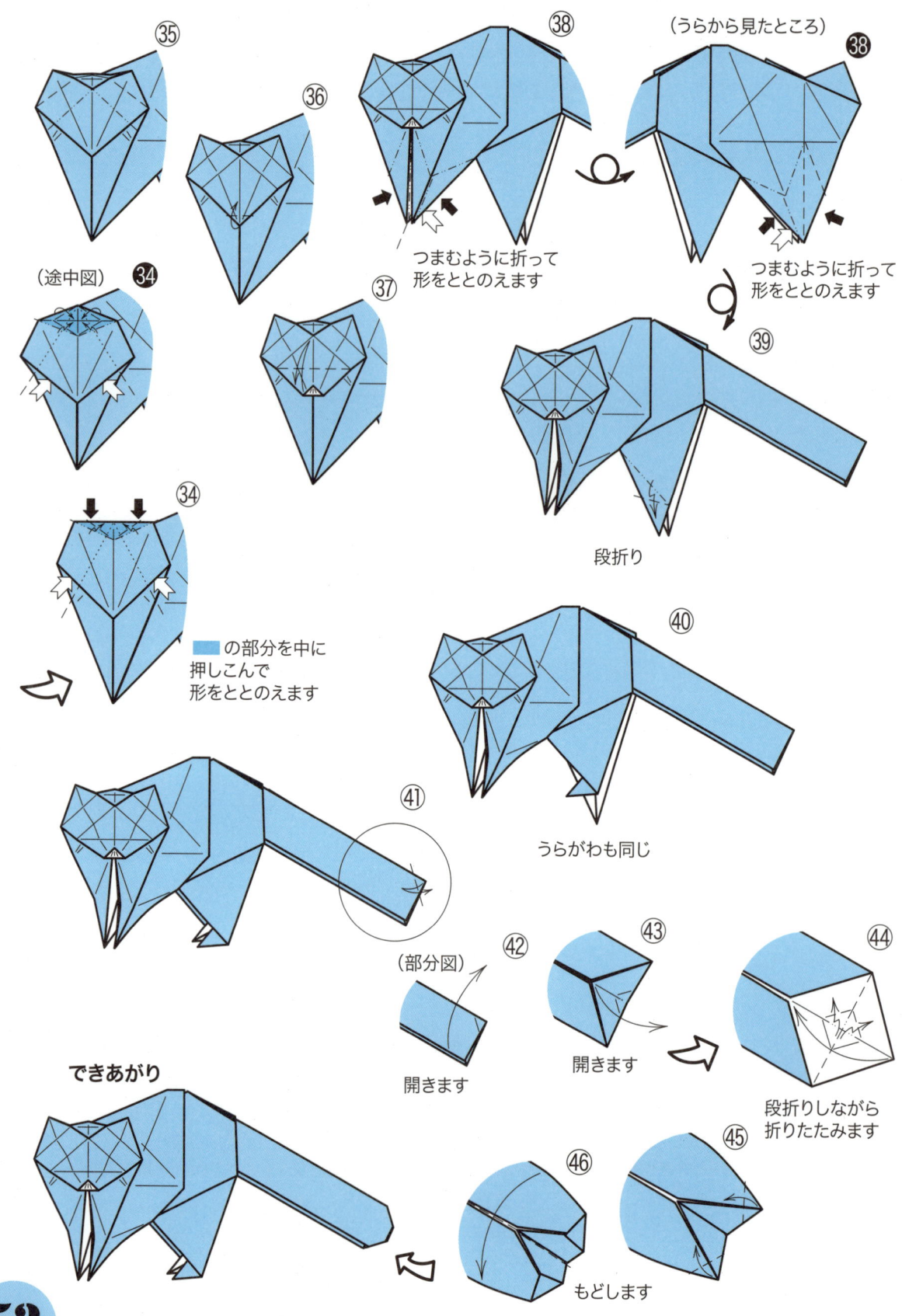

㉟ ㊱ ㊳ （うらから見たところ）㊳

つまむように折って
形をととのえます

つまむように折って
形をととのえます

（途中図）㉞ ㊲

㊴

段折り

㉞

■の部分を中に
押しこんで
形をととのえます

㊵

うらがわも同じ

㊶

（部分図）㊷

開きます

㊸

開きます

㊹

段折りしながら
折りたたみます

㊺

㊻

もどします

できあがり

おしゃれ くうかん｜リラックス くうかん｜ナチュラル くうかん｜エキサイト くうかん

52 新作家シリーズ2

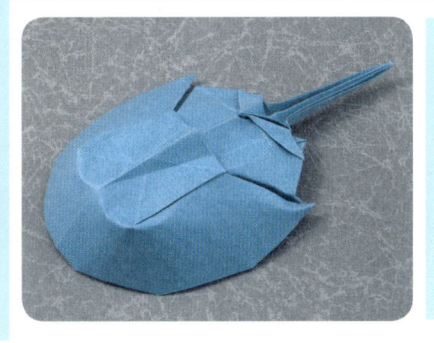

Horseshoe crab

カブトガニ

折り方の中盤に微妙なずれが出てきますが、説明の通りに折っていくことで最後にうまくまとまります。

使用枚数：1枚／正方形

はじめに「たこの基本形」を折ります

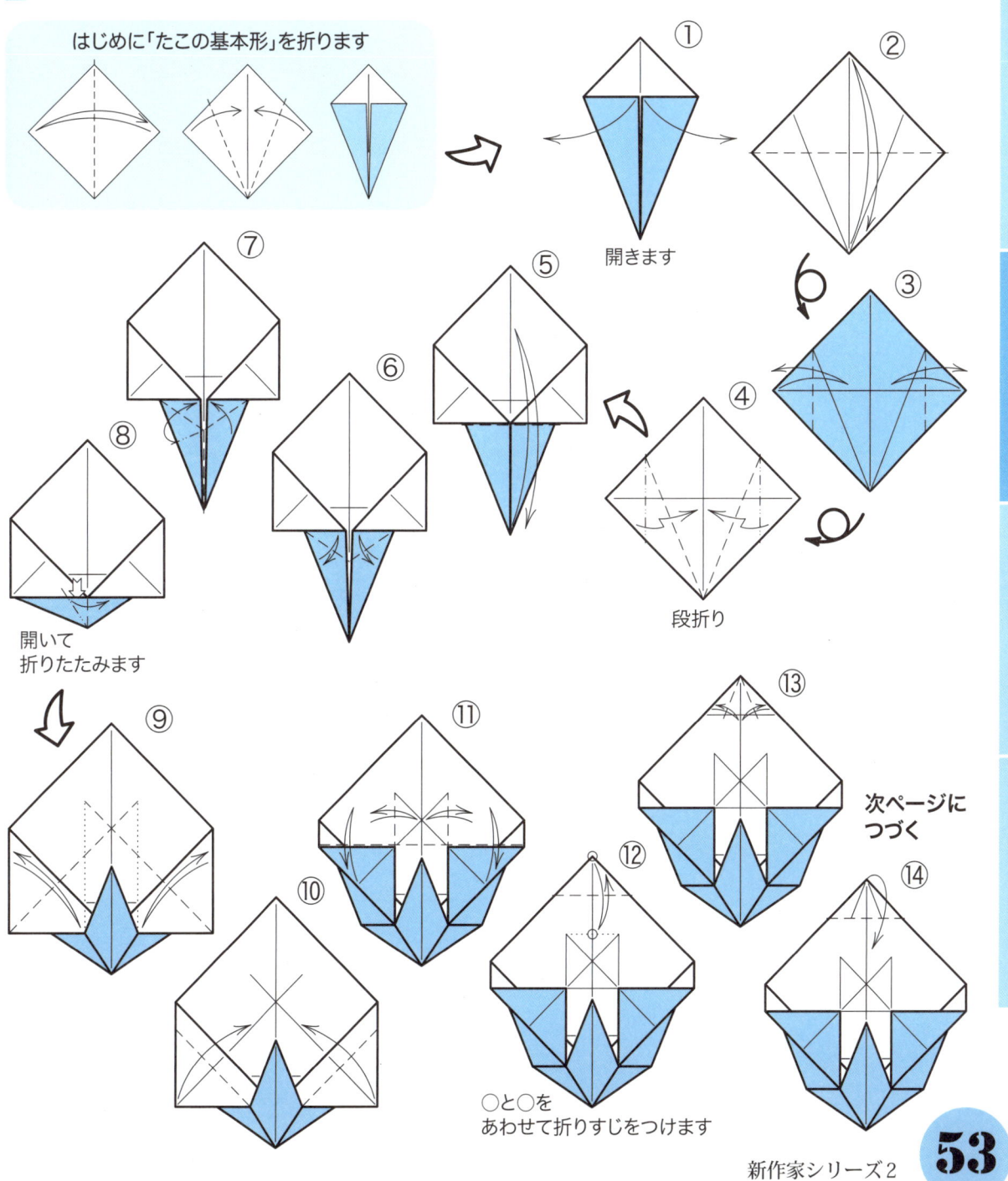

① 開きます
②
③
④ 段折り
⑤
⑥
⑦
⑧ 開いて折りたたみます
⑨
⑩
⑪
⑫ ○と○をあわせて折りすじをつけます
⑬ 次ページにつづく
⑭

新作家シリーズ2

53

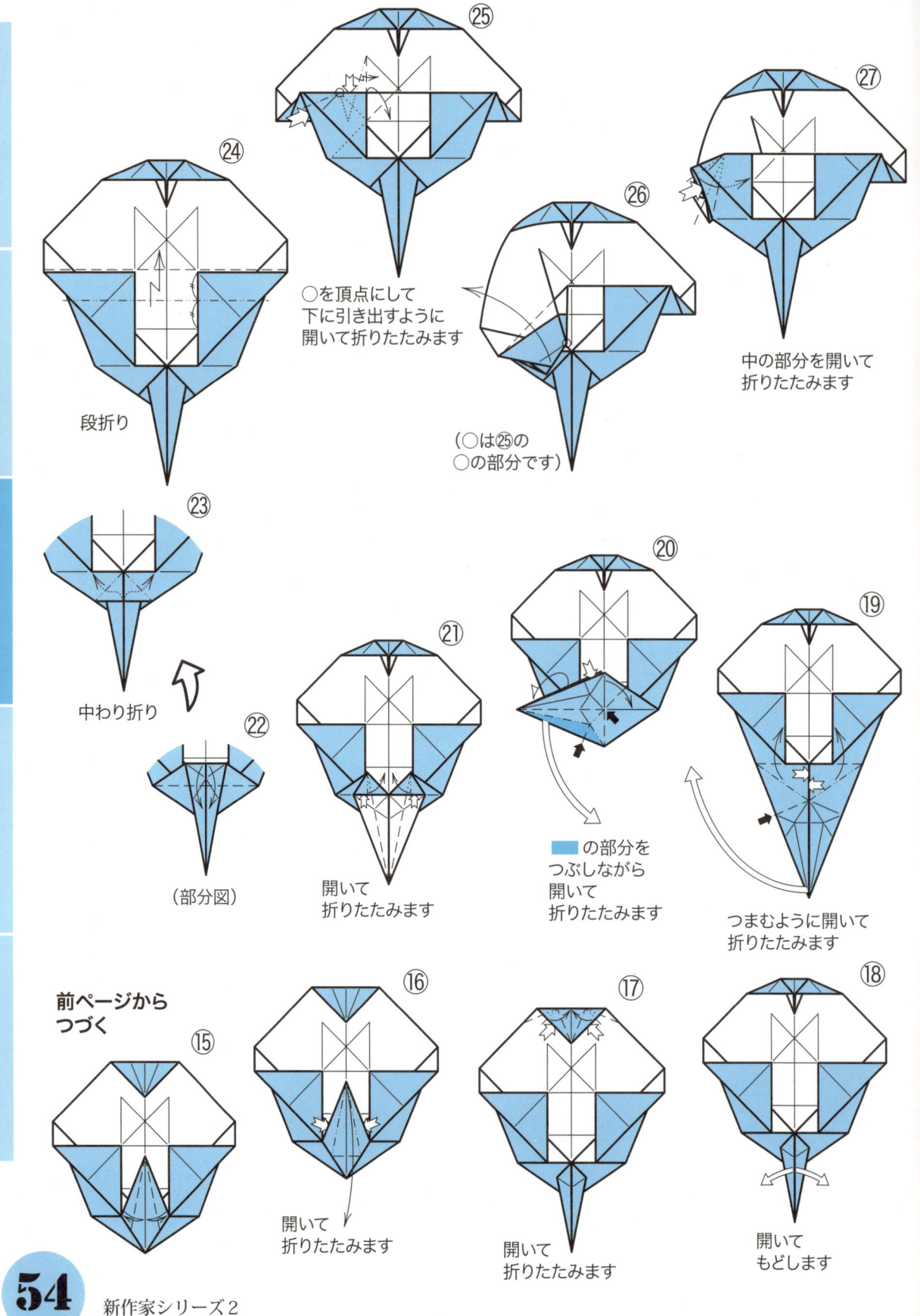

㉕ ○を頂点にして下に引き出すように開いて折りたたみます

㉗ 中の部分を開いて折りたたみます

㉔ 段折り

㉖ (○は㉕の○の部分です)

㉓ 中わり折り

㉒ (部分図)

㉑ 開いて折りたたみます

⑳ ■の部分をつぶしながら開いて折りたたみます

⑲ つまむように開いて折りたたみます

前ページからつづく

⑮

⑯ 開いて折りたたみます

⑰ 開いて折りたたみます

⑱ 開いてもどします

54 新作家シリーズ2

おしゃれくうかん
リラックスくうかん
ナチュラルくうかん
エキサイトくうかん

㉘ ㉙ ㉚ ㉛

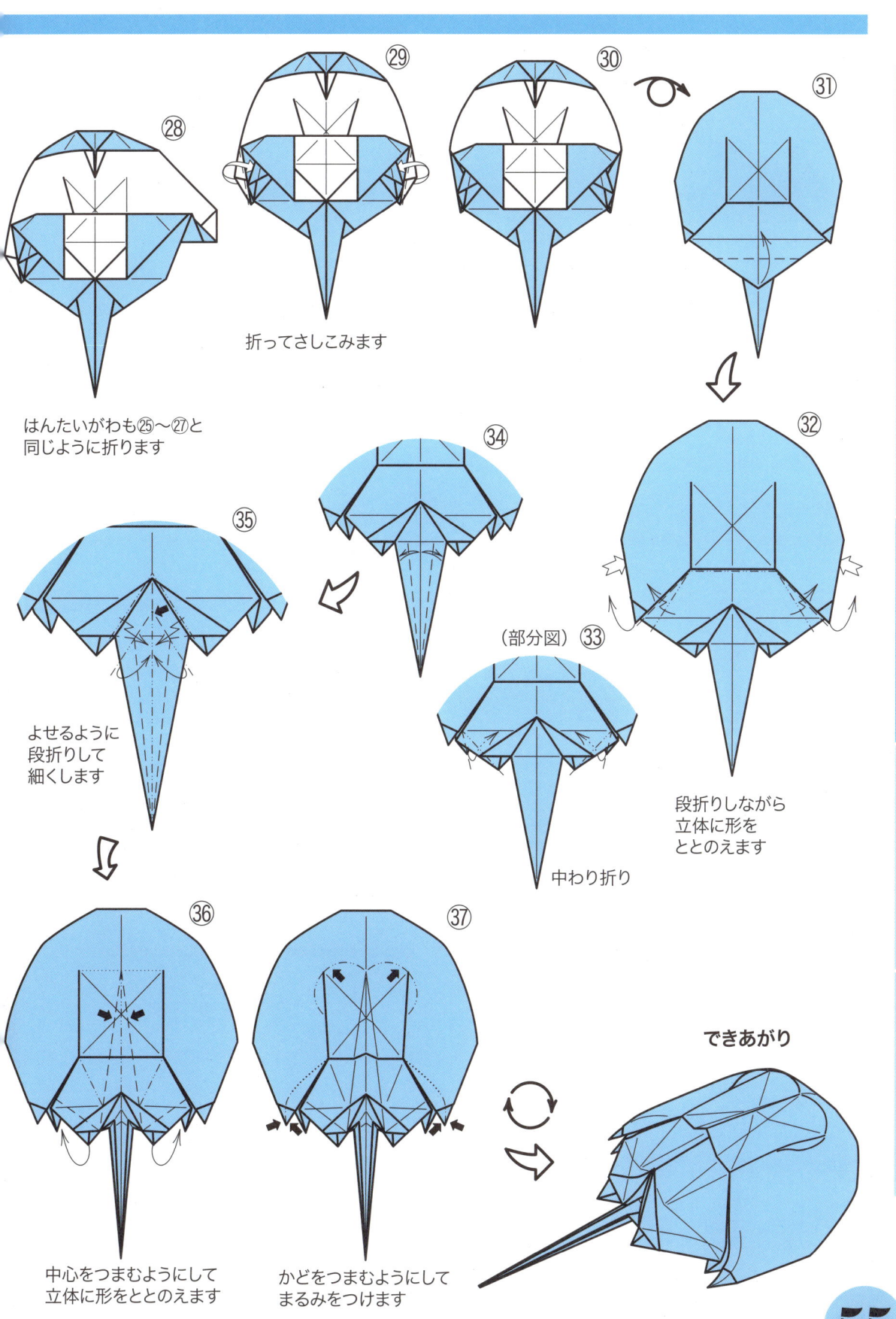

折ってさしこみます

はんたいがわも㉕〜㉗と
同じように折ります

㉞

㉟

（部分図）㉝

㉜

段折りしながら
立体に形を
ととのえます

中わり折り

よせるように
段折りして
細くします

㊱ ㊲

できあがり

中心をつまむようにして
立体に形をととのえます

かどをつまむようにして
まるみをつけます

おしゃれ くうかん｜リラックス くうかん｜ナチュラル くうかん｜エキサイト くうかん

55

新作家シリーズ2

Commerson's dolphin

イロワケイルカ

白黒の色分けをするためにすこしめんどうな折り方が出てきます。

使用枚数：1枚／正方形　　　　（月刊おりがみ 359 号掲載）

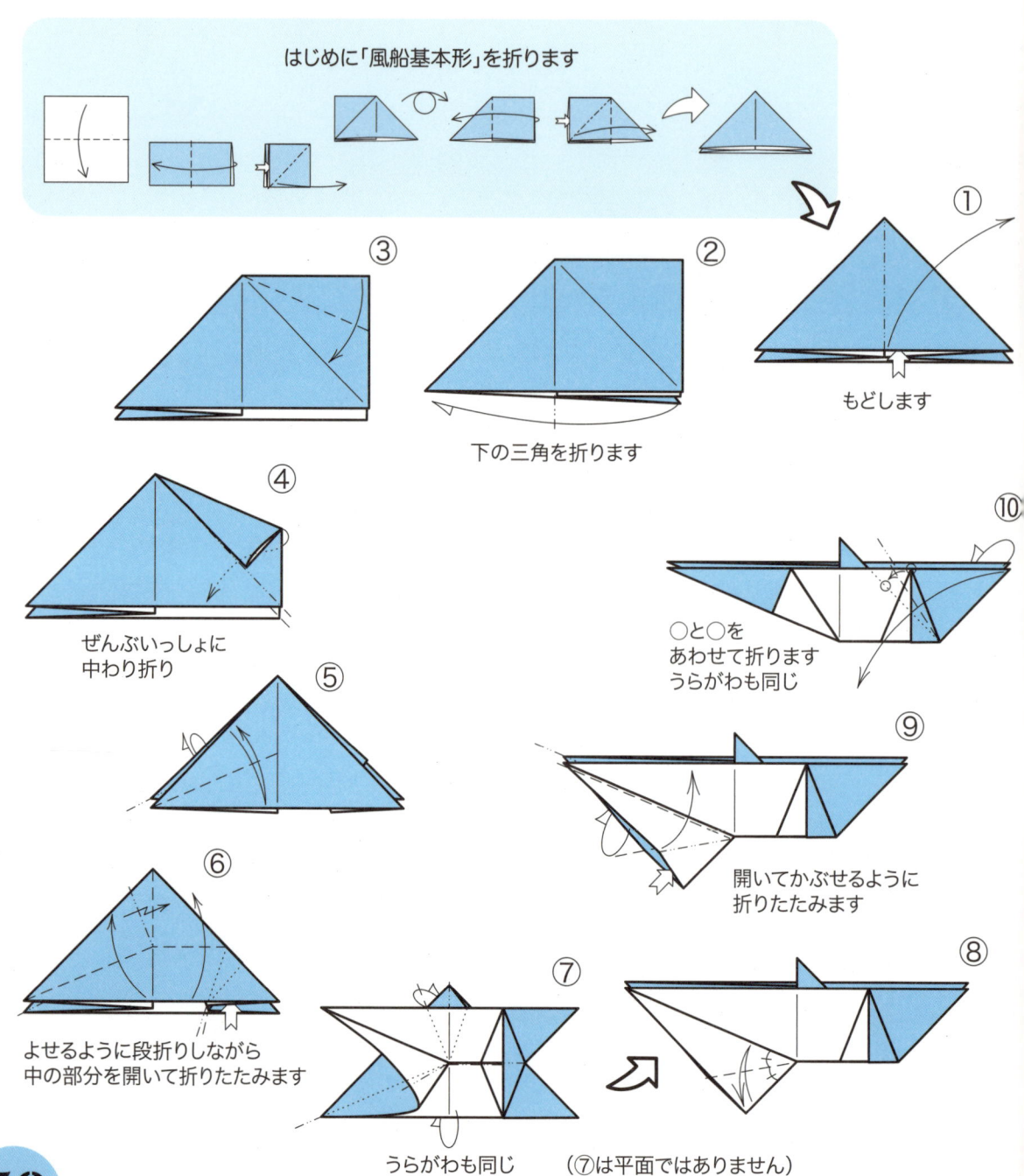

はじめに「風船基本形」を折ります

① もどします

② 下の三角を折ります

③

④ ぜんぶいっしょに中わり折り

⑤

⑥ よせるように段折りしながら中の部分を開いて折りたたみます

⑦ うらがわも同じ　（⑦は平面ではありません）

⑧

⑨ 開いてかぶせるように折りたたみます

⑩ ○と○をあわせて折りますうらがわも同じ

56　新作家シリーズ2

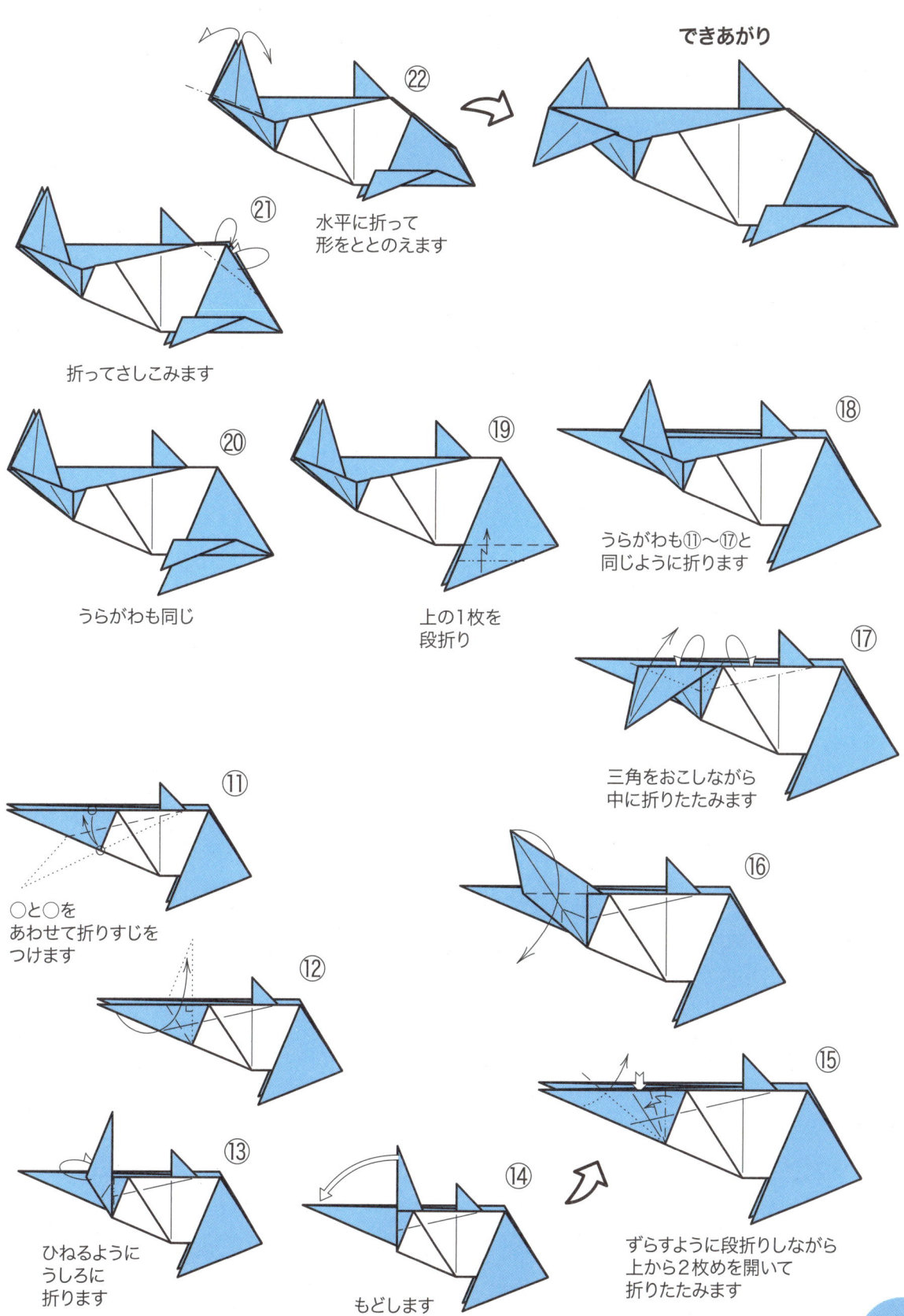

㉒ 水平に折って
形をととのえます

できあがり

㉑ 折ってさしこみます

⑳ うらがわも同じ

⑲ 上の1枚を段折り

⑱ うらがわも⑪〜⑰と同じように折ります

⑰ 三角をおこしながら中に折りたたみます

⑯

⑪ ○と○をあわせて折りすじをつけます

⑫

⑮ ずらすように段折りしながら上から2枚めを開いて折りたたみます

⑬ ひねるようにうしろに折ります

⑭ もどします

おしゃれ くうかん｜リラックス くうかん｜ナチュラル くうかん｜エキサイト くうかん

57

新作家シリーズ2

Penguin

ペンギン

頭と背中を押しこむところは、中わり折りの要領で折ります。

使用枚数：1枚／正方形

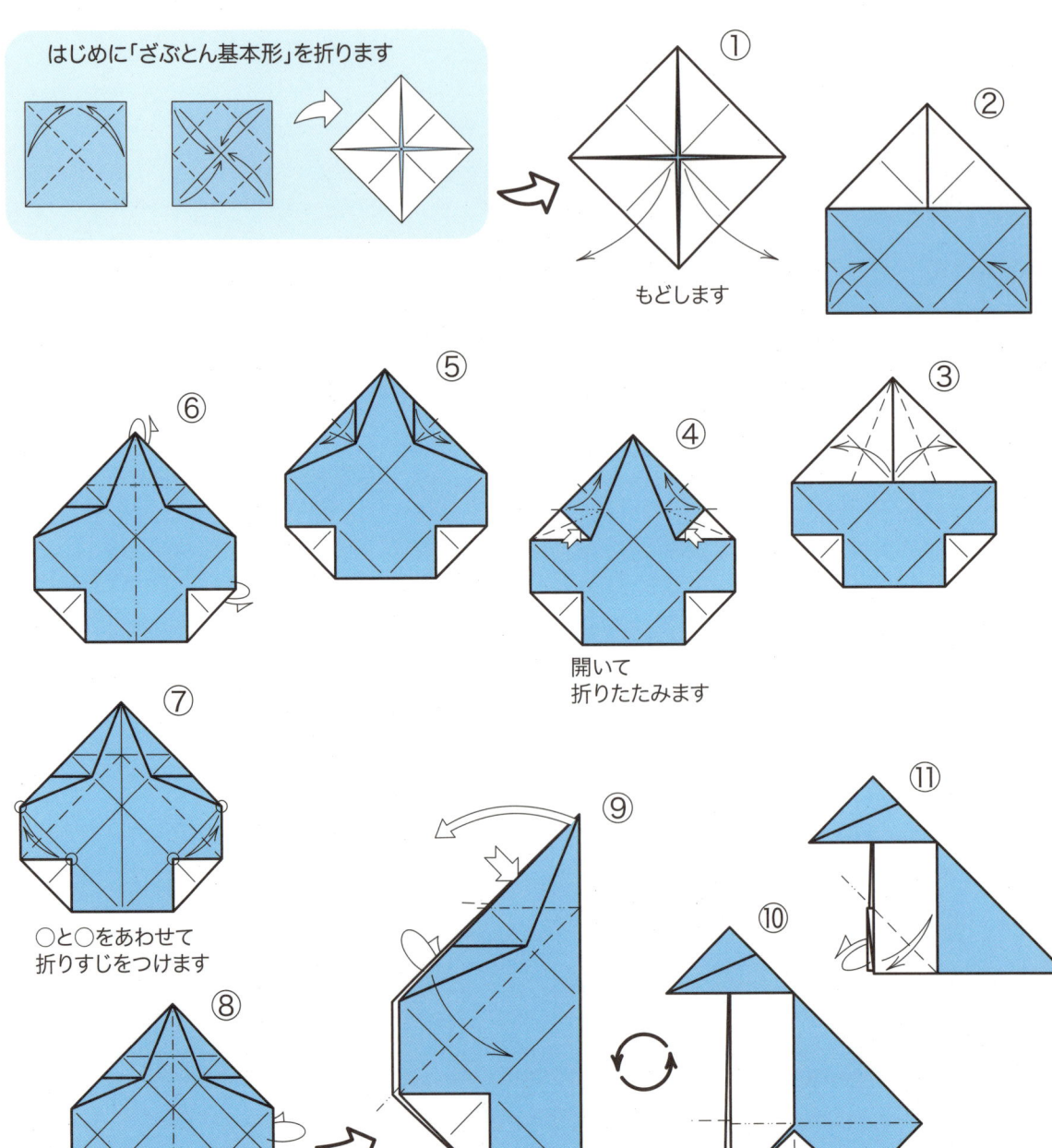

はじめに「ざぶとん基本形」を折ります

①
②
もどします

③
④ 開いて折りたたみます
⑤
⑥

⑦ ○と○をあわせて折りすじをつけます

⑧
⑨ かぶせるように開いて折りたたみます
⑩
⑪

58　新作家シリーズ2

㉔

㉕
■の部分を中に
押しこみます

できあがり

㉒
中で
中わり折り

㉓
中にあるかどを
出しながら折ります
うらがわも同じ

▲クチバシを
見たところ

㉖
開いて
つまむように
段折りして
形をととのえます

㉑
中わり折り

⑳
○と○をあわせて
折りすじをつけます

⑲
うらがわも同じ

⑱
段折りしながら
中わり折り

⑰
もどします

⑯
はんたいがわも
同じ

⑫
中わり折り

⑬
うらがわも同じ

⑭
開きます

⑮
開いて折りたたみます

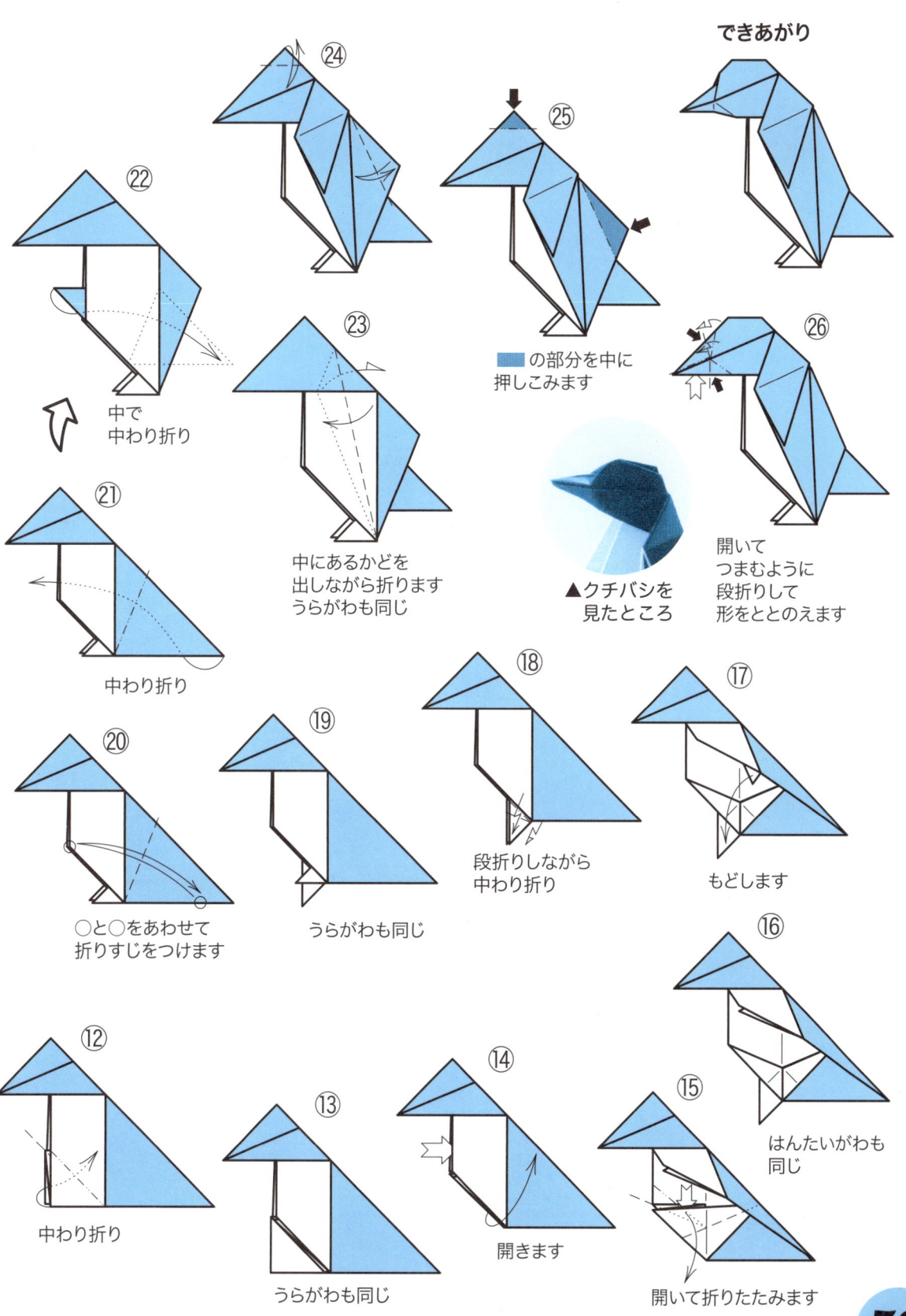

おしゃれ くうかん

リラックスくうかん

ナチュラルくうかん

エキサイトくうかん

59

新作家シリーズ2

Seal
アザラシ

2002年おりがみカーニバル「アイディア賞」受賞作品です。

使用枚数：1枚／正方形

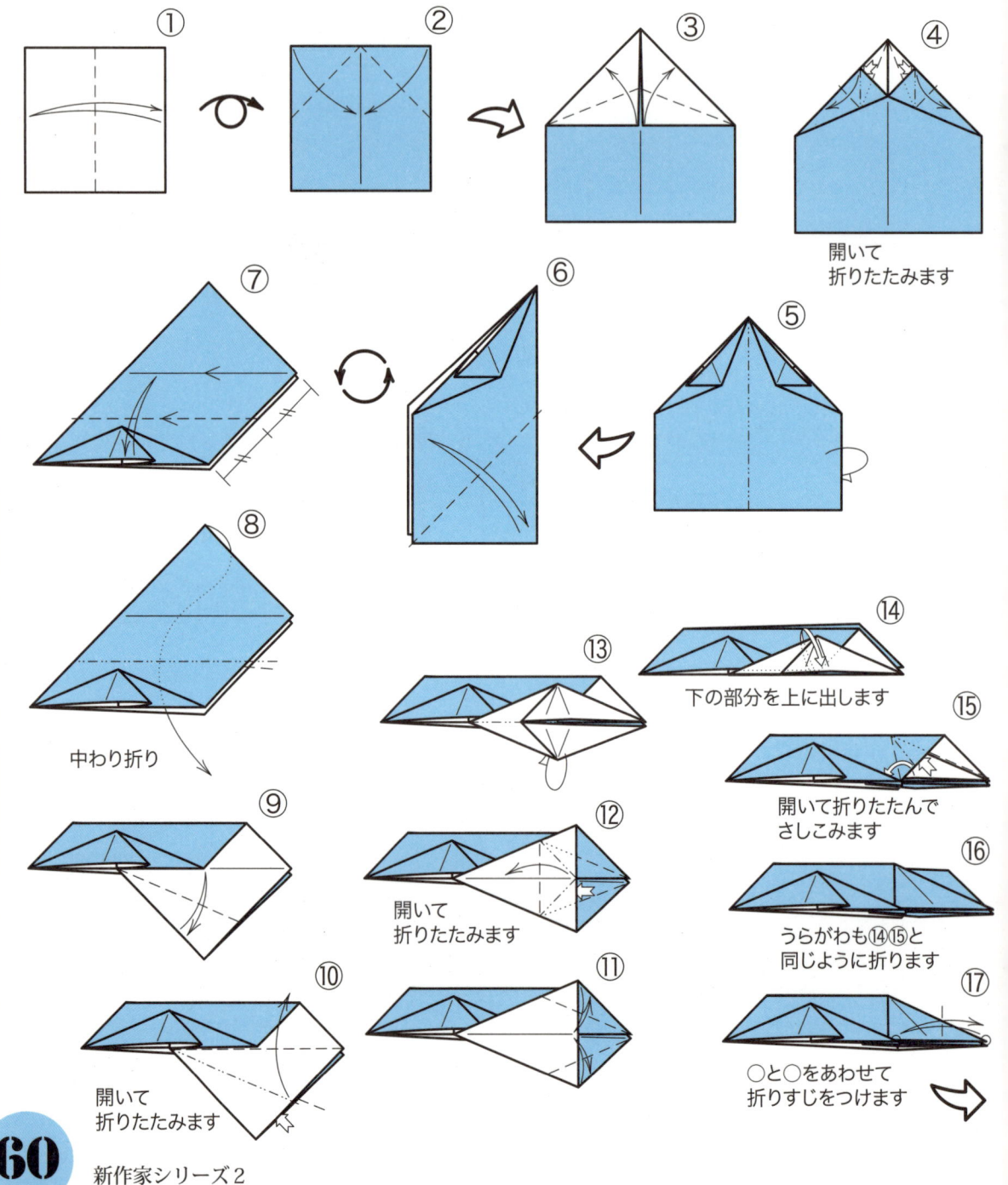

④ 開いて折りたたみます

⑧ 中わり折り

⑩ 開いて折りたたみます

⑫ 開いて折りたたみます

⑭ 下の部分を上に出します

⑮ 開いて折りたんでさしこみます

⑯ うらがわも⑭⑮と同じように折ります

⑰ ○と○をあわせて折りすじをつけます

おしゃれ くうかん
リラックス くうかん
ナチュラル くうかん
エキサイト くうかん

60
新作家シリーズ2

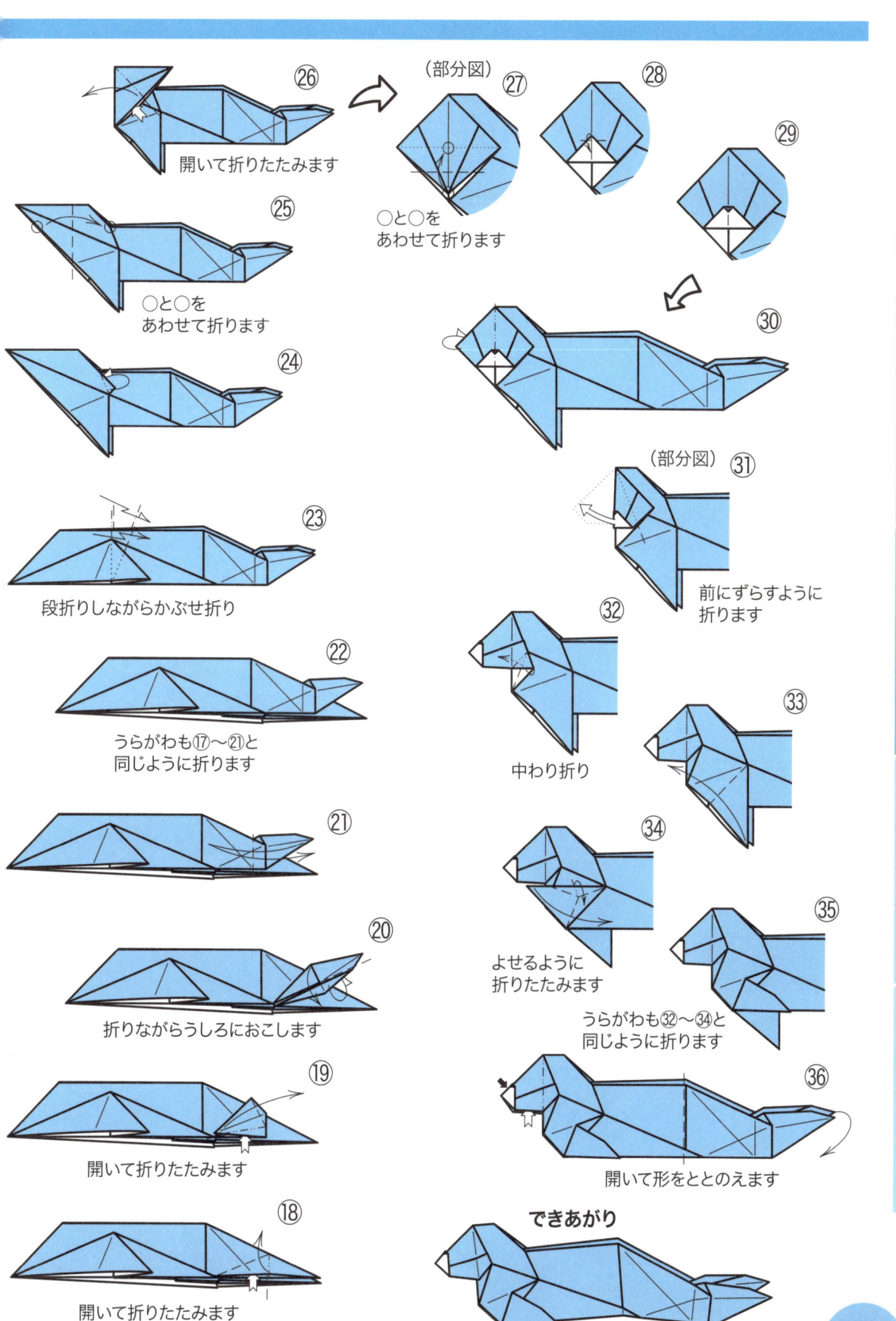

㉖ 開いて折りたたみます

（部分図）㉗ ○と○を
あわせて折ります

㉘

㉙

㉕ ○と○を
あわせて折ります

㉚

㉔

（部分図）㉛ 前にずらすように
折ります

㉓ 段折りしながらかぶせ折り

㉜ 中わり折り

㉒ うらがわも⑰〜㉑と
同じように折ります

㉝

㉑

㉞ よせるように
折りたたみます

㉟ うらがわも㉜〜㉞と
同じように折ります

⑳ 折りながらうしろにおこします

㊱ 開いて形をととのえます

⑲ 開いて折りたたみます

できあがり

⑱ 開いて折りたたみます

おしゃれくうかん ／ リラックスくうかん ／ ナチュラルくうかん ／ エキサイトくうかん

新作家シリーズ2

61

Fur seal
オットセイ

仕上げに頭と体をふくらませて立体的にするとすわりがよくなります。

使用枚数：1枚／正方形

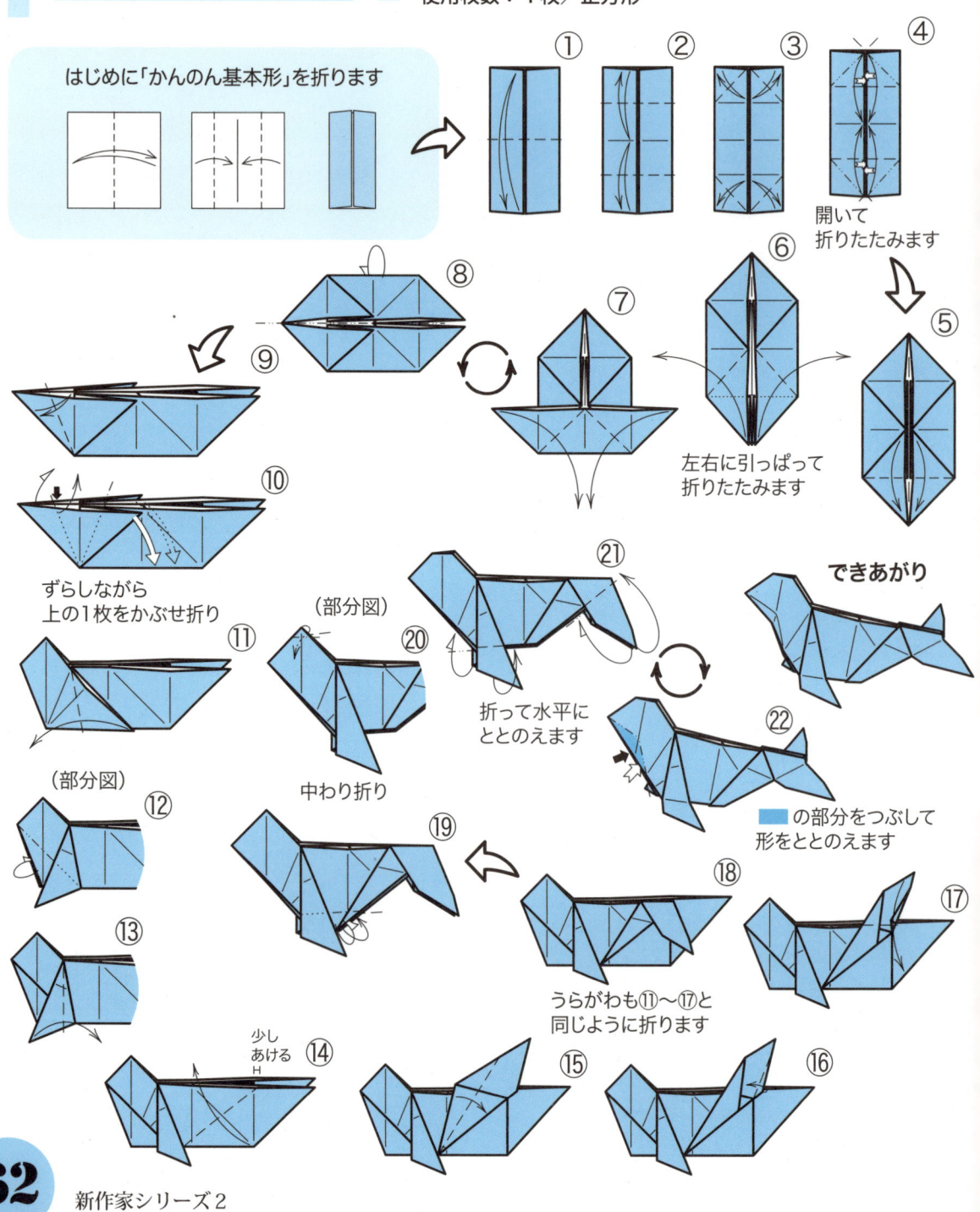

はじめに「かんのん基本形」を折ります

① ② ③ ④
開いて折りたたみます

⑤ ⑥ 左右に引っぱって折りたたみます ⑦ ⑧ ⑨

⑩ ずらしながら上の1枚をかぶせ折り

⑪ （部分図） ⑳ ㉑ 折って水平にととのえます

できあがり

㉒ ■の部分をつぶして形をととのえます

（部分図）⑫ 中わり折り ⑲ ⑱ うらがわも⑪～⑰と同じように折ります ⑰

⑬ 少しあけるH ⑭ ⑮ ⑯

62 新作家シリーズ2

Green-banded swallowtail
アオスジアゲハ

折り図は実物と同じ色の組み合わせ（黒と青）で描いてあります。編集部のアイディアで、頭を出す折り方にして、蝶らしいリアルな作品になりました。

使用枚数：1枚／正方形　　　（月刊おりがみ 360 号掲載）

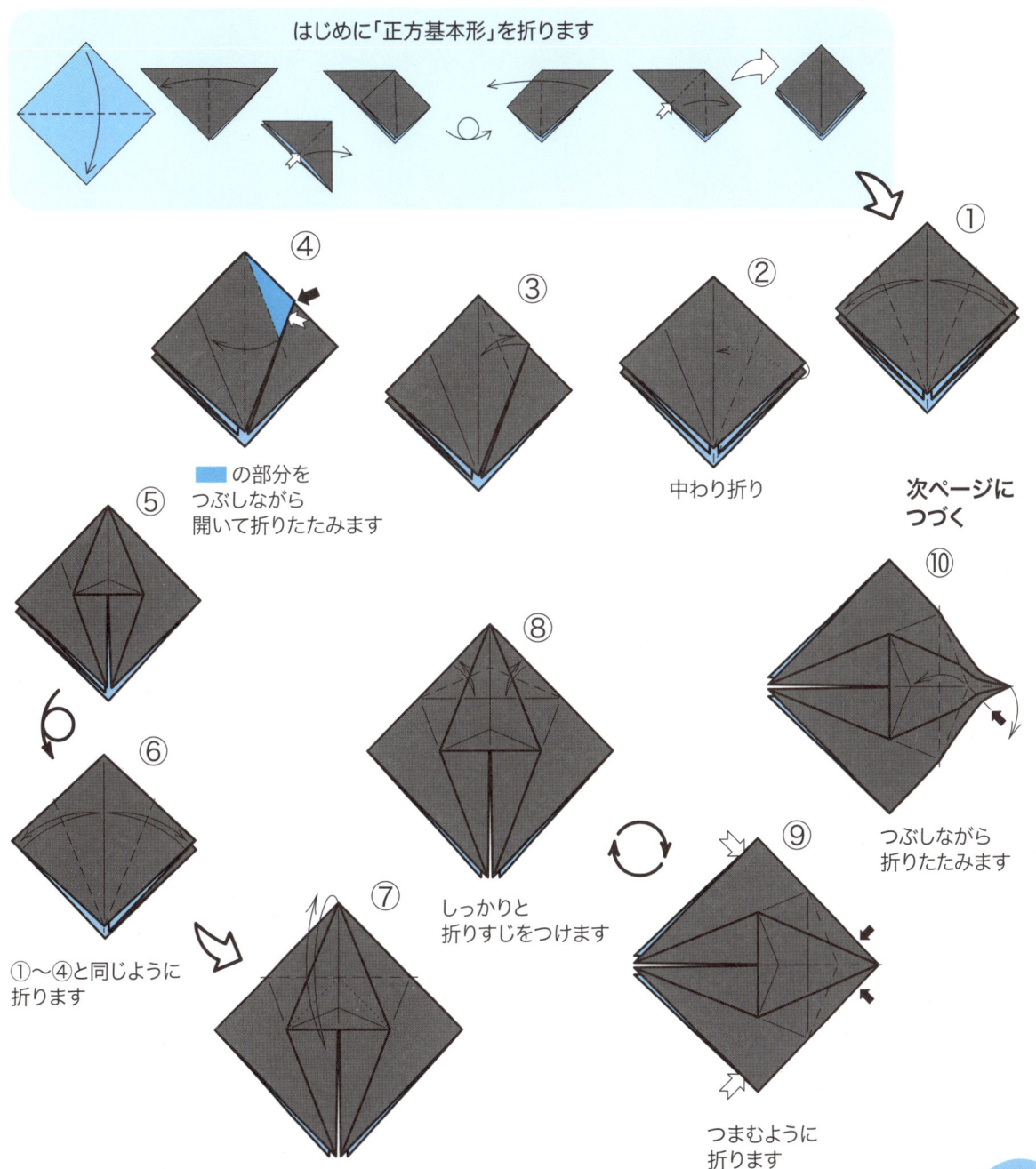

はじめに「正方基本形」を折ります

①

② 中わり折り

③

④ ■の部分をつぶしながら開いて折りたたみます

次ページにつづく

⑤

⑥ ①〜④と同じように折ります

⑦

⑧ しっかりと折りすじをつけます

⑨ つまむように折ります

⑩ つぶしながら折りたたみます

63

新作家シリーズ2

⑯(うらがわ)

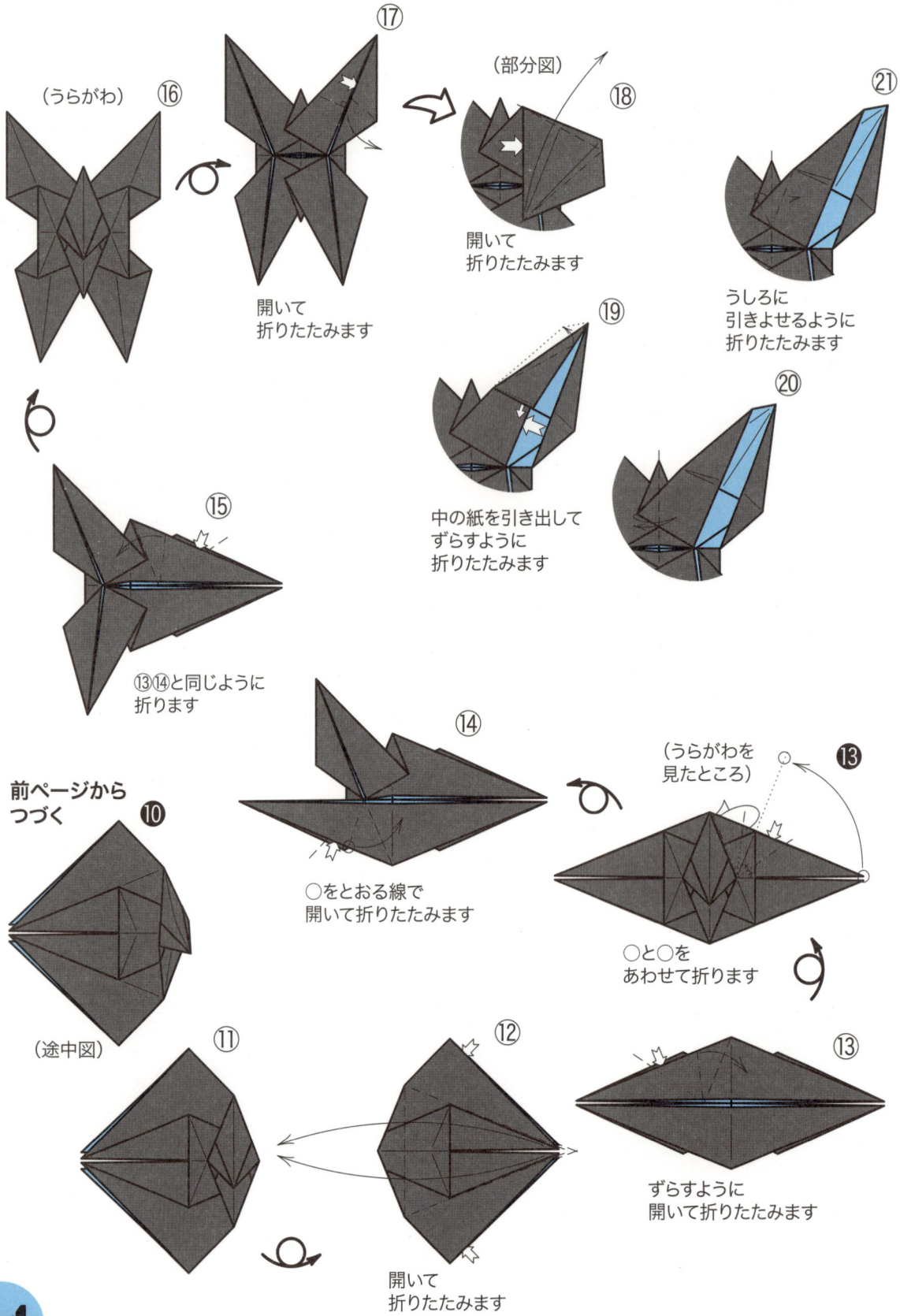

⑰開いて折りたたみます

⑱(部分図) 開いて折りたたみます

⑲中の紙を引き出してずらすように折りたたみます

⑳

㉑うしろに引きよせるように折りたたみます

⑮⑬⑭と同じように折ります

⑭○をとおる線で開いて折りたたみます

⑬(うらがわを見たところ) ○と○をあわせて折ります

前ページからつづく
⑩(途中図)

⑪

⑫開いて折りたたみます

⑬ずらすように開いて折りたたみます

64 新作家シリーズ2

おしゃれ くうかん
リラックス くうかん
ナチュラル くうかん
エキサイト くうかん

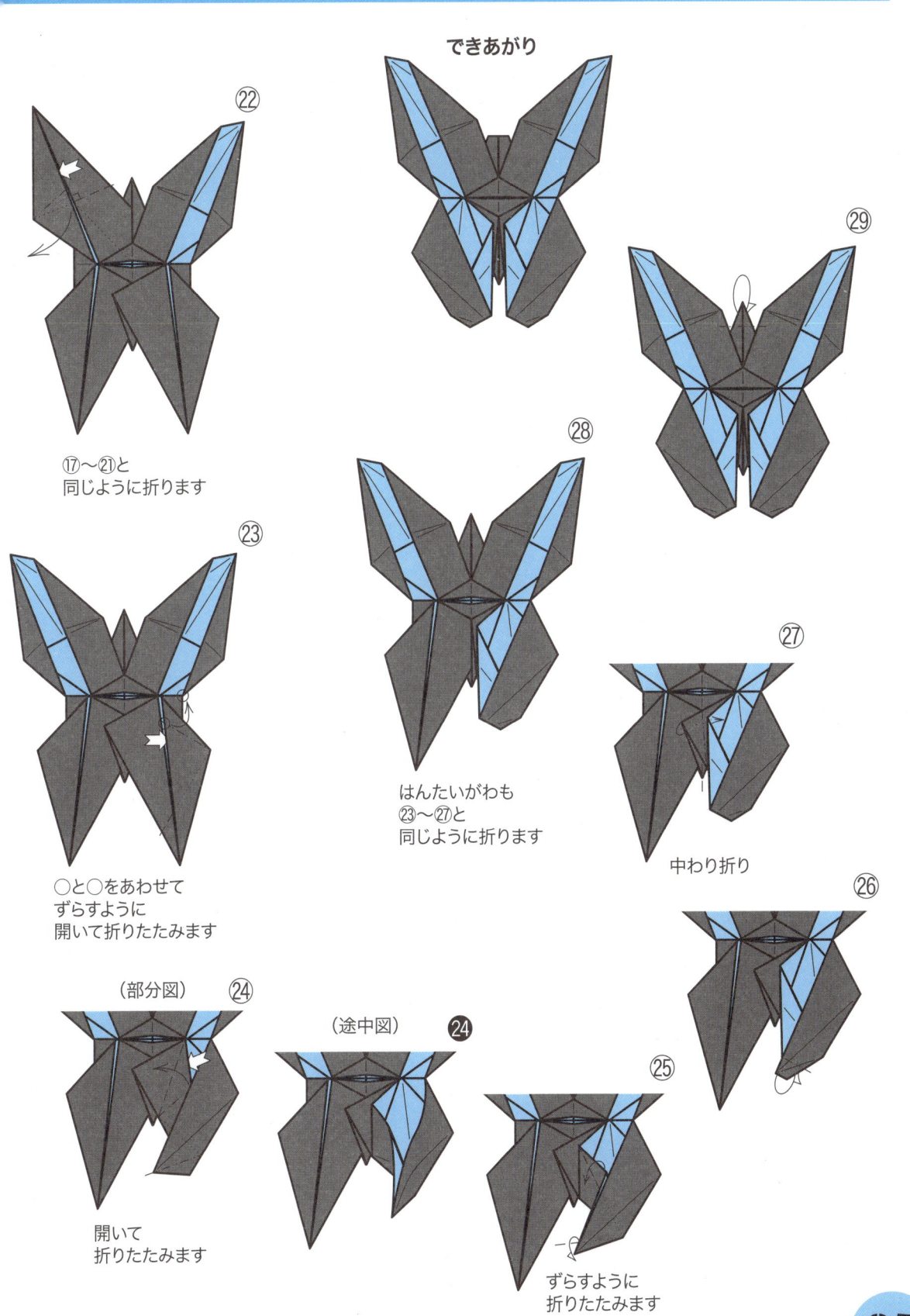

㉒

⑰〜㉑と
同じように折ります

㉓

○と○をあわせて
ずらすように
開いて折りたたみます

(部分図) ㉔

開いて
折りたたみます

(途中図) ㉔

㉕

ずらすように
折りたたみます

できあがり

㉘

はんたいがわも
㉓〜㉗と
同じように折ります

㉗

中わり折り

㉖

㉙

おしゃれ くうかん｜リラックスくうかん｜ナチュラルくうかん｜エキサイトくうかん

新作家シリーズ2

65

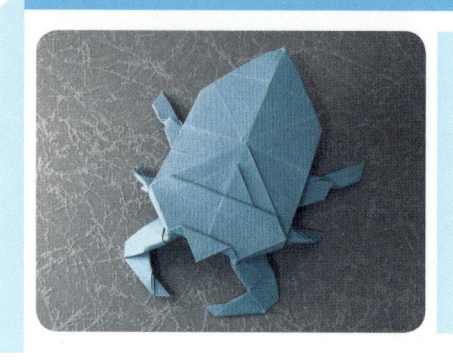

Giant water bug
タガメ

図⑱の段折りはとても重要です。すこしたいへんですが、15cm角の折り紙で折ると実物大でできあがります。

使用枚数：1枚／正方形　　　（月刊おりがみ 347 号掲載）

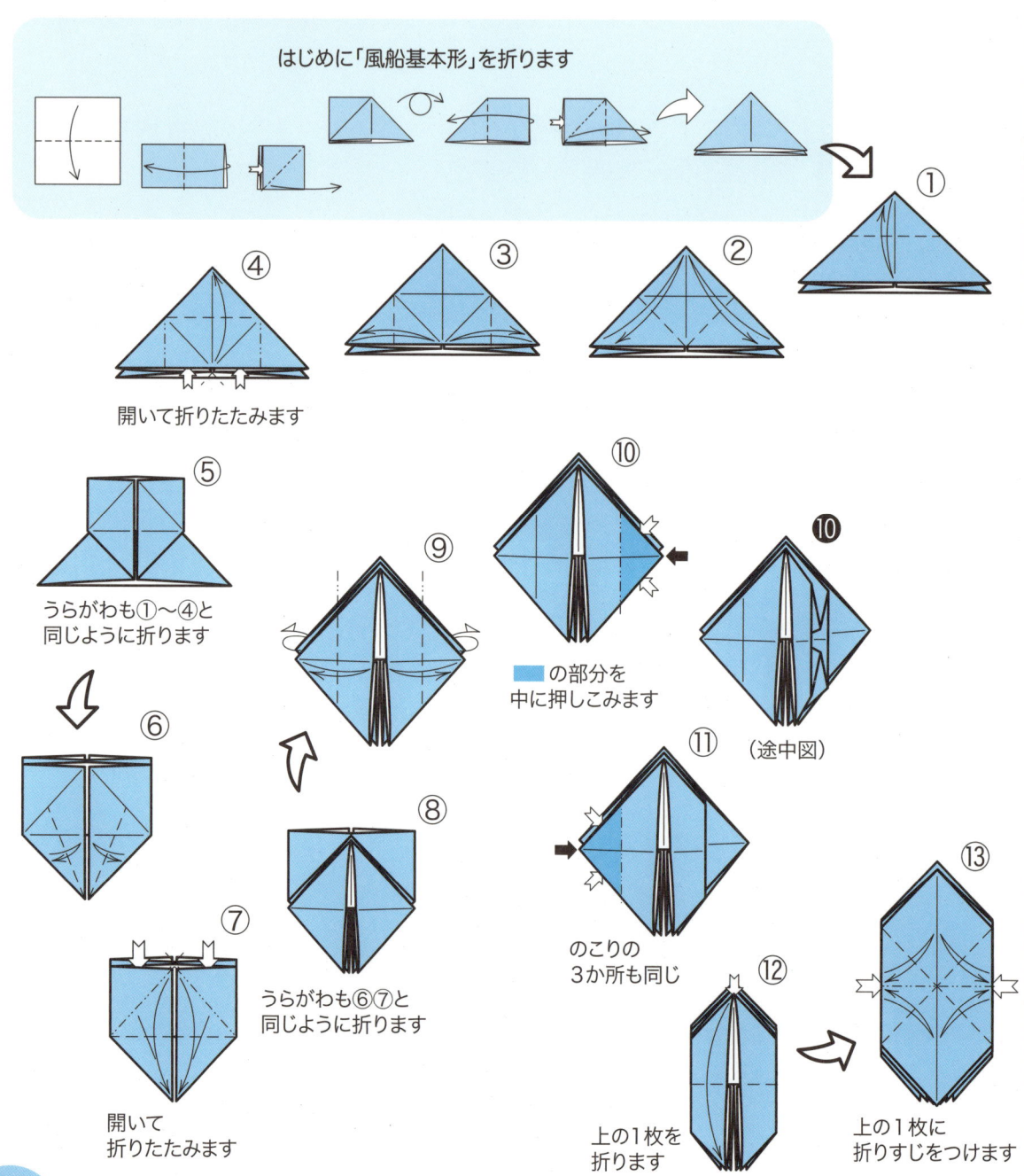

はじめに「風船基本形」を折ります

①

②

③

④ 開いて折りたたみます

⑤ うらがわも①～④と同じように折ります

⑥

⑦ 開いて折りたたみます

⑧ うらがわも⑥⑦と同じように折ります

⑨

⑩ ■の部分を中に押しこみます

⑩ （途中図）

⑪ のこりの3か所も同じ

⑫ 上の1枚を折ります

⑬ 上の1枚に折りすじをつけます

66　新作家シリーズ2

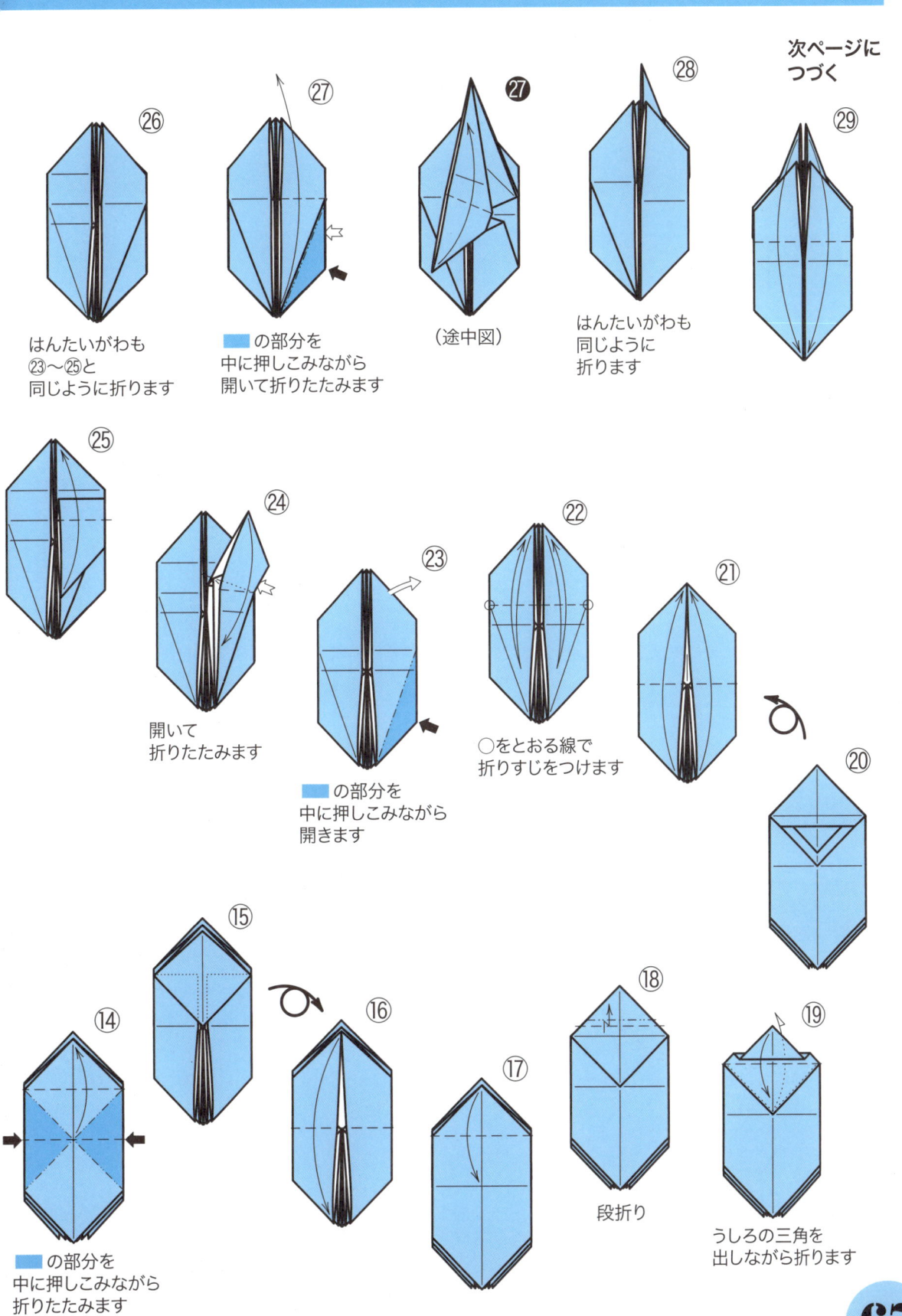

㉖ はんたいがわも ㉓〜㉕と 同じように折ります

㉗ ■の部分を 中に押しこみながら 開いて折りたたみます

㉗ （途中図）

㉘ はんたいがわも 同じように 折ります

次ページに つづく

㉙

㉕

㉔ 開いて 折りたたみます

㉓ ■の部分を 中に押しこみながら 開きます

㉒ ○をとおる線で 折りすじをつけます

㉑

⑳

⑮

⑭ ■の部分を 中に押しこみながら 折りたたみます

⑯

⑰

⑱ 段折り

⑲ うしろの三角を 出しながら折ります

おしゃれくうかん｜リラックスくうかん｜ナチュラルくうかん｜エキサイトくうかん

67

新作家シリーズ2

前ページから
つづく

㉚ 引き上げて中の部分を押しこみながら立てます

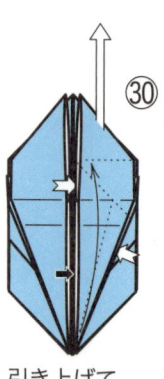

㉛ つまむように折りたたみます

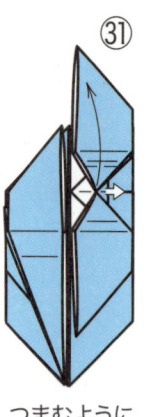

㉜ はんたいがわも㉚㉛と同じように折ります

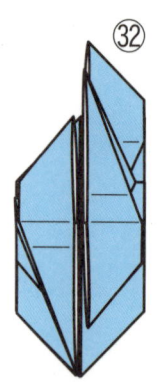

㉝

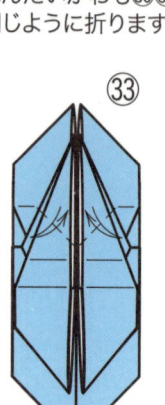

㉞ 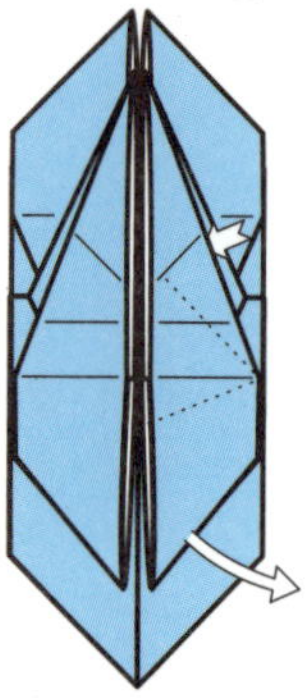 ずらしながら開きます

㉟ 開いて折りたたみます（㊱の○の位置に注意）

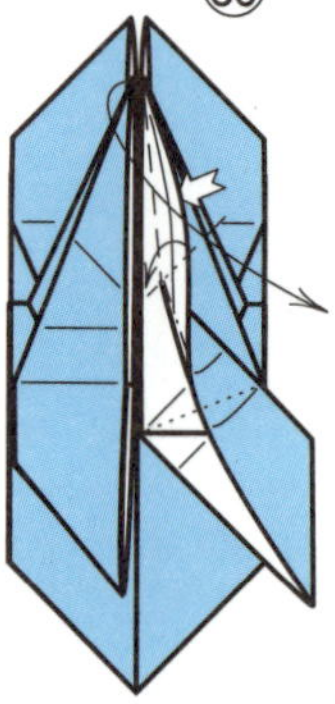

㊱ 開いて折りたたみます

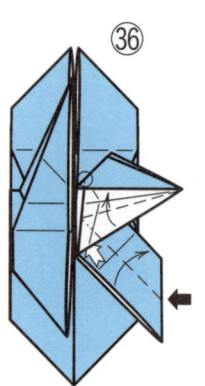

㊲ ○の部分をかぶせながら開いて折りたたみます

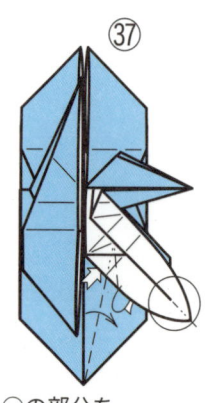

㊳ かぶせ折りしながら開いて折りたたみます

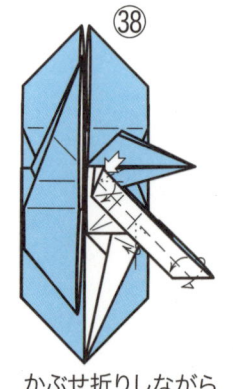

㊴ はんたいがわも㉞〜㊳と同じように折ります

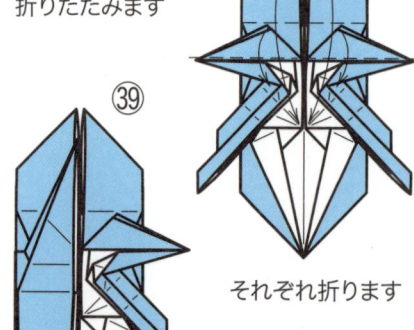

㊵ それぞれ折ります

㊶ ずらしながら開いて折りたたみます

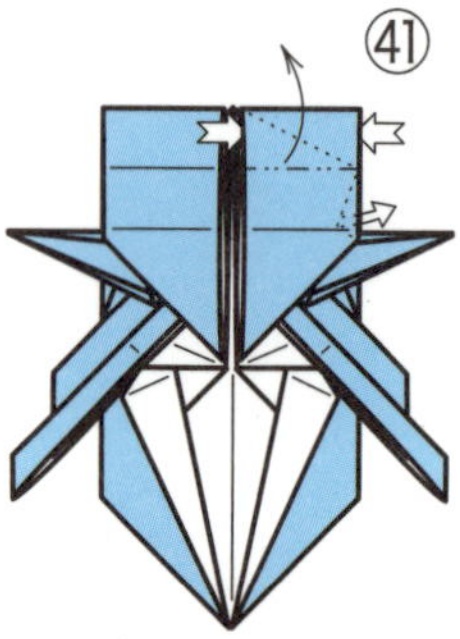

㊷ はんたいがわも同じ

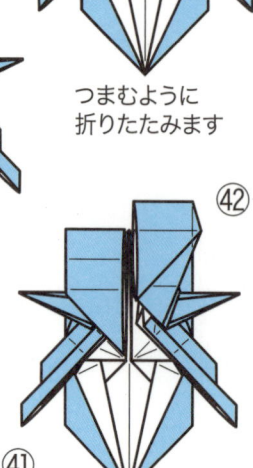

㊸ すぐうしろにたおすように折ります

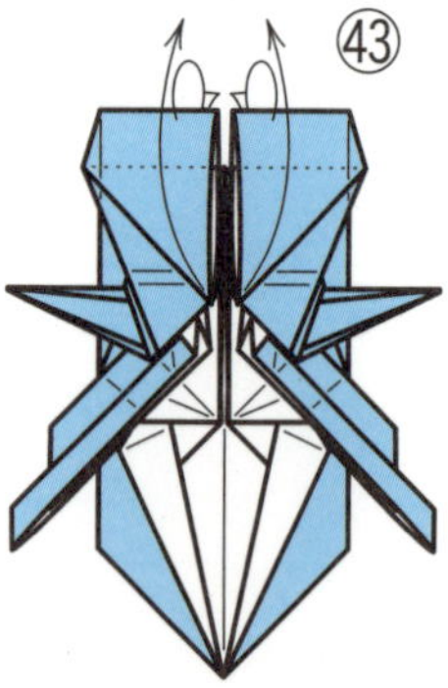

㊹ つまむように折りたたみます

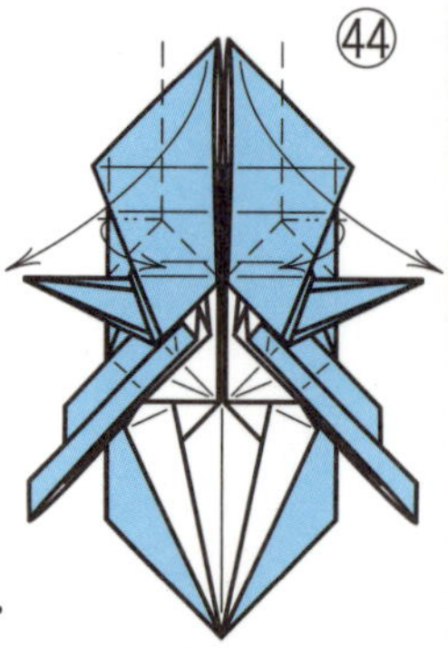

おしゃれ くうかん
リラックス くうかん
ナチュラル くうかん
エキサイト くうかん

68　新作家シリーズ2

㊺ 引きよせながら
開いて折りたたみます

㊻ 引きよせながら
開いて折りたたみます

㊼

㊽ 中わり折り

㊾

㊿

(51)

㊽2 ○と○を
あわせて折ります

できあがり

㊽3

㊽4

㊽5

㊽6 段折り

㊽7 折って
形をととのえます

おしゃれくうかん｜リラックスくうかん｜ナチュラルくうかん｜エキサイトくうかん

新作家シリーズ2

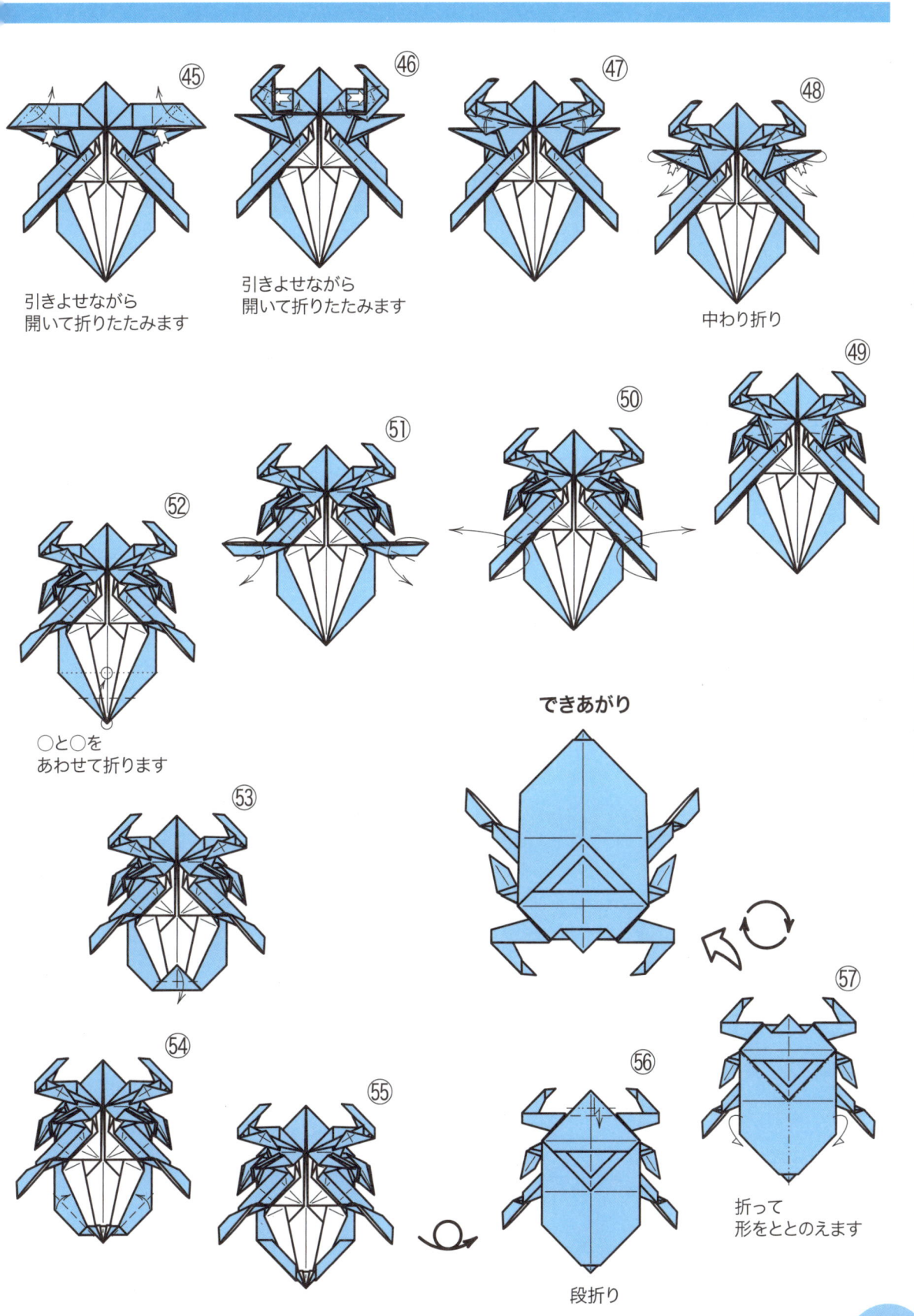

Mammoth

マンモス

「第12回世界のおりがみ展」の招待個人作品です。前足をひろげて太くするところがむずかしいので慎重に折りましょう。牙は外から内側にカールさせます。24cm角以上の折り紙で折りましょう。

使用枚数：1枚／正方形

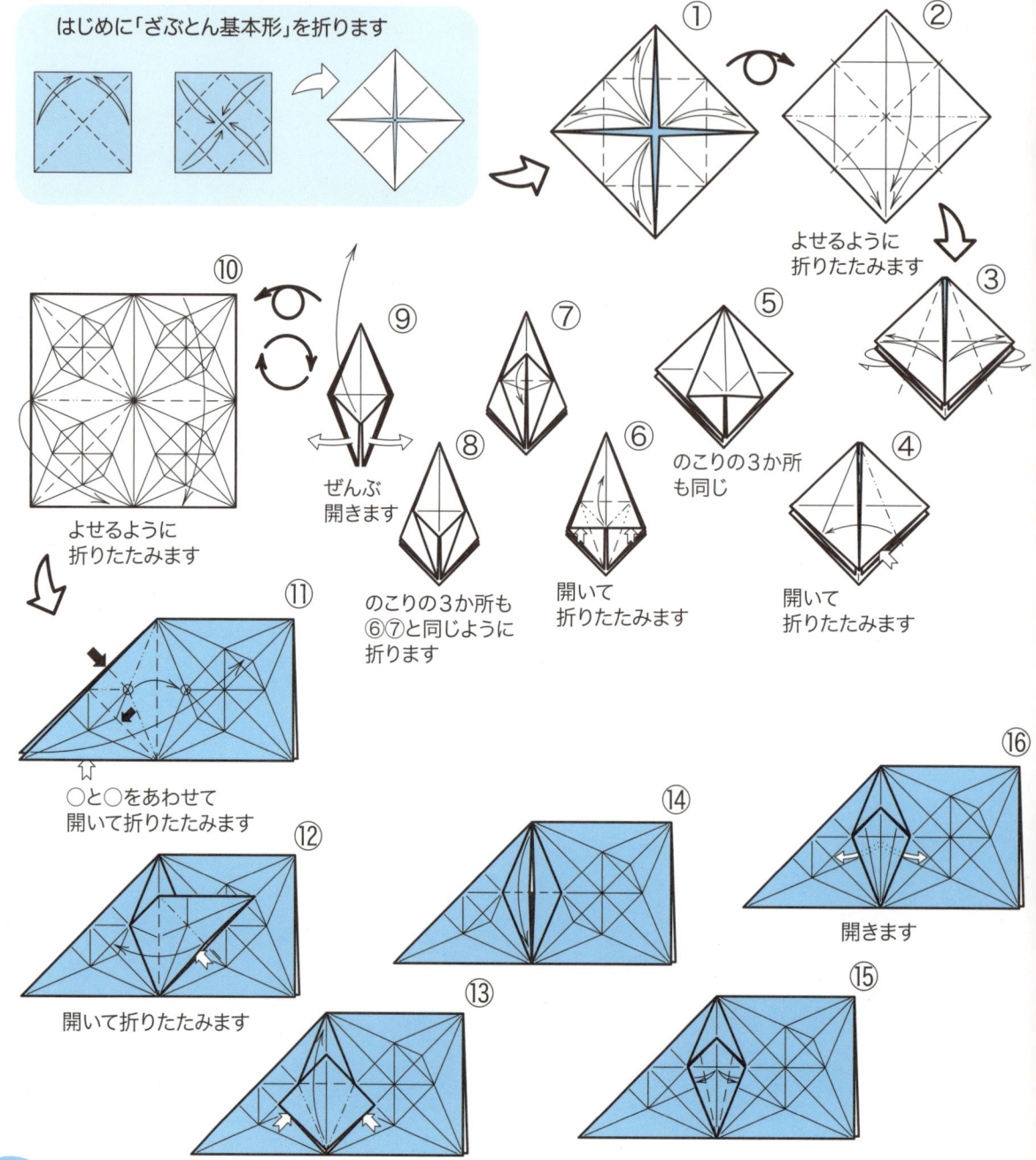

はじめに「ざぶとん基本形」を折ります

① ②
よせるように折りたたみます

③ ④
開いて折りたたみます

⑤ のこりの3か所も同じ

⑥ 開いて折りたたみます

⑦ ⑧ のこりの3か所も⑥⑦と同じように折ります

⑨ ぜんぶ開きます

⑩ よせるように折りたたみます

⑪ ○と○をあわせて開いて折りたたみます

⑫ 開いて折りたたみます

⑬ 開いて折りたたみます

⑭

⑮

⑯ 開きます

70 新作家シリーズ2

㉛ ㉜ ㉝ ㉞ ㉟

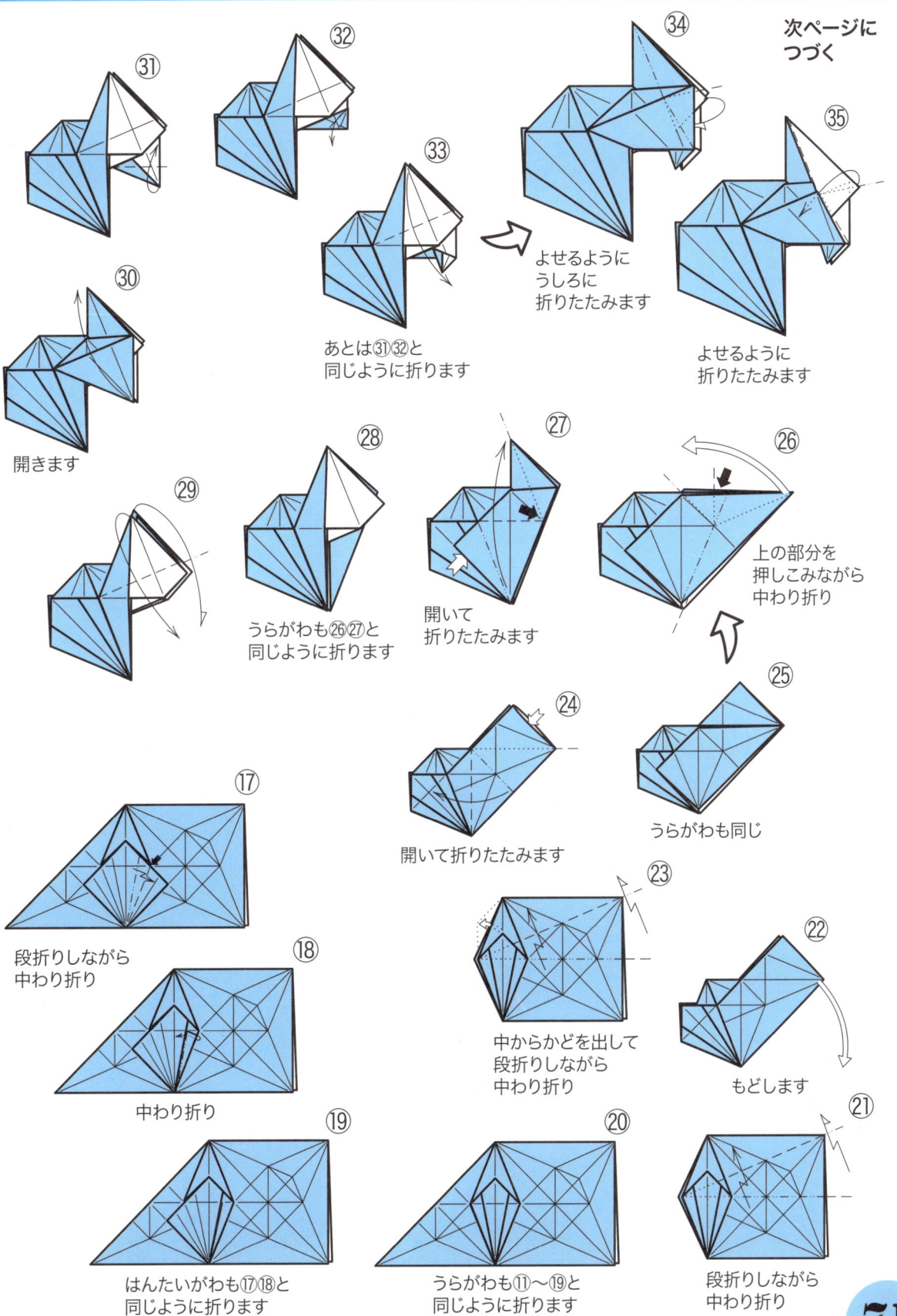

次ページにつづく

よせるように
うしろに
折りたたみます

よせるように
折りたたみます

㉚
開きます

㉙ ㉘ ㉗ ㉖

うらがわも㉖㉗と
同じように折ります

開いて
折りたたみます

上の部分を
押しこみながら
中わり折り

㉔ ㉕
開いて折りたたみます
うらがわも同じ

⑰
段折りしながら
中わり折り

⑱
中わり折り

㉓
中からかどを出して
段折りしながら
中わり折り

㉒
もどします

⑲
はんたいがわも⑰⑱と
同じように折ります

⑳
うらがわも⑪〜⑲と
同じように折ります

㉑
段折りしながら
中わり折り

71

新作家シリーズ2

おしゃれくうかん／リラックスくうかん／ナチュラルくうかん／エキサイトくうかん

おしゃれ くうかん
リラックスくうかん
ナチュラルくうかん
エキサイトくうかん

前ページから
つづく ㊱

�37 ■の部分を中に押しこみます

�38 ○と○をあわせて折りすじをつけます

�39 ■の部分を中に押しこみます

（部分図）㊵

㊶ うらがわも㊳〜㊵と同じように折ります

㊷ つまむように折りたたみますうらがわも同じ

㊸ おこします

㊹

㊺

㊻ ㊸〜㊺と同じように折りますうらがわ㊸〜㊻と同じ

㊼

㊽

㊾ 広げて折りたたみます

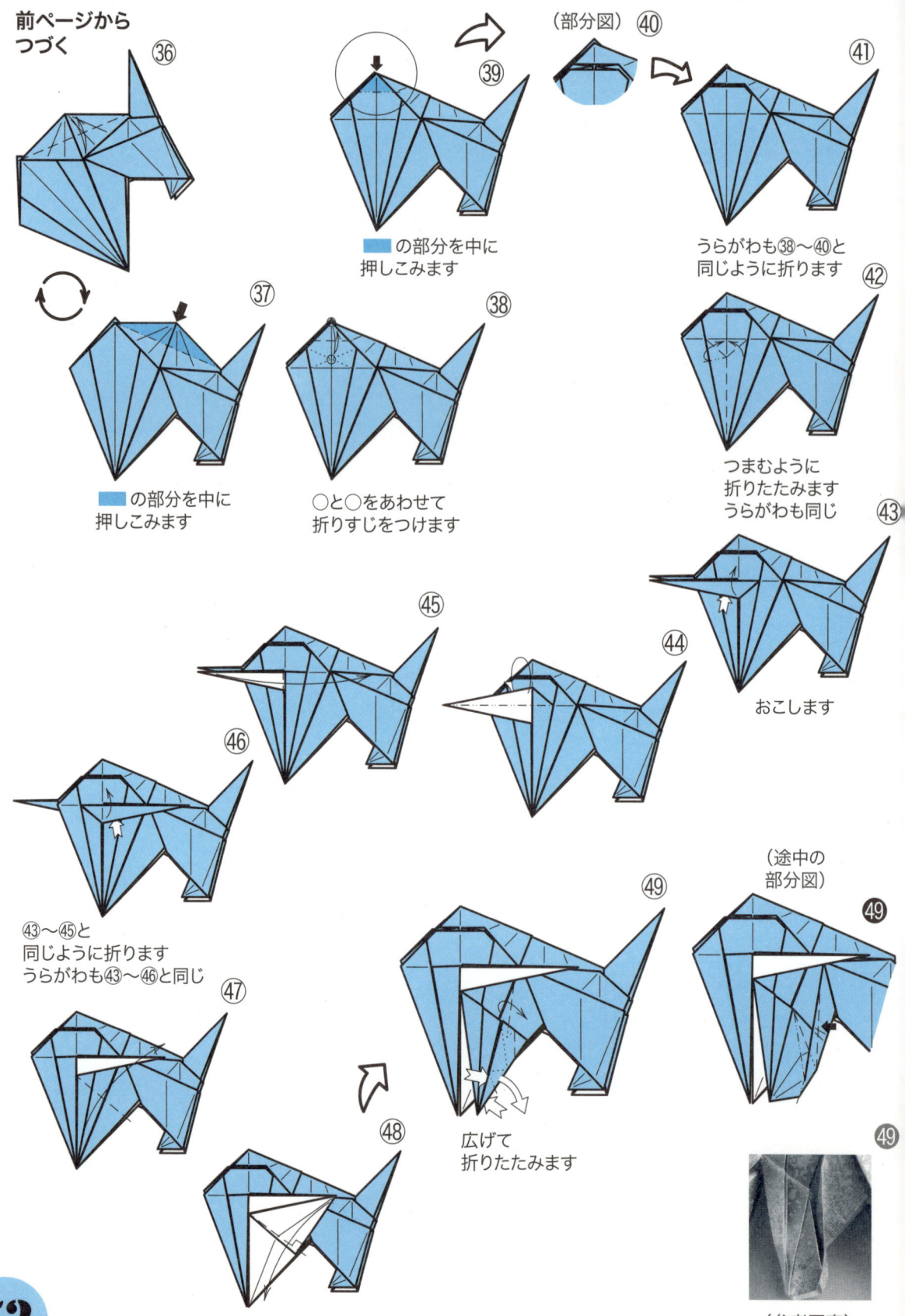

（途中の部分図）㊾

㊾（参考写真）

72　新作家シリーズ2

できあがり

(60)

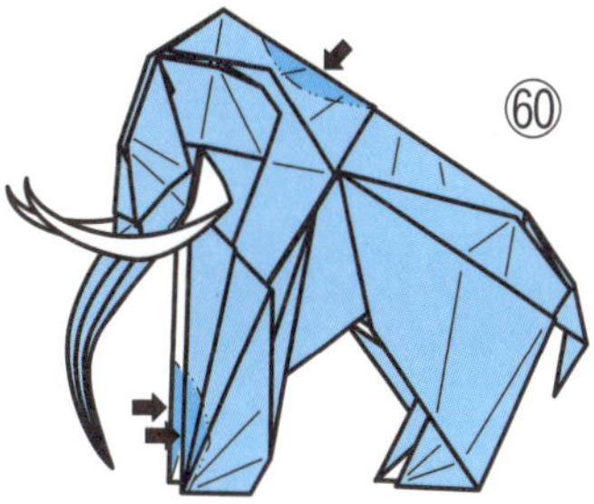

■の部分を
つぶして形を
ととのえます

(59)

立てます
うらがわも同じ

(56)

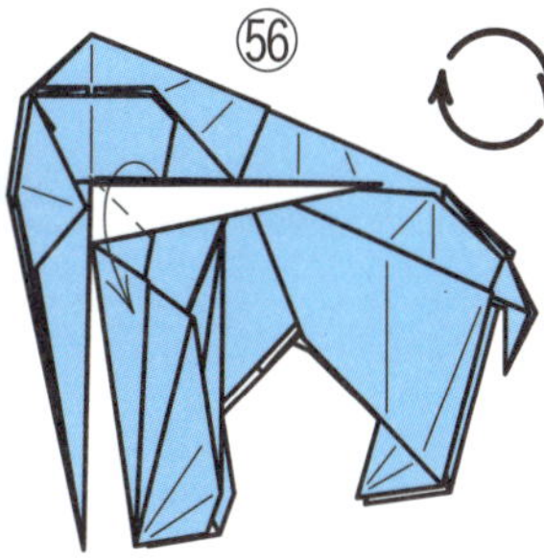

うらがわも同じ

(57)

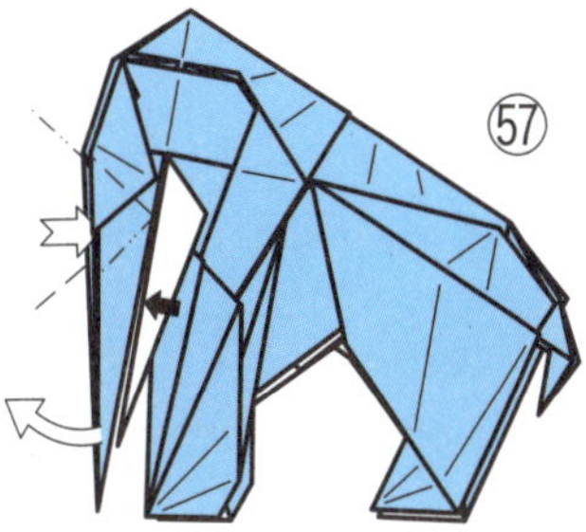

開いてつぶして
形をととのえます

(58)

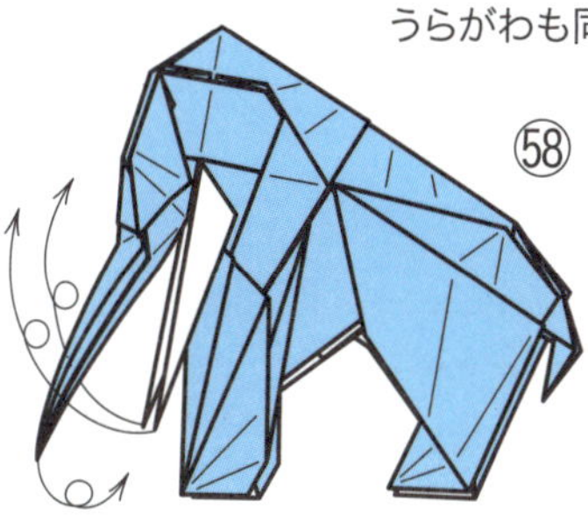

カールさせます

(55)

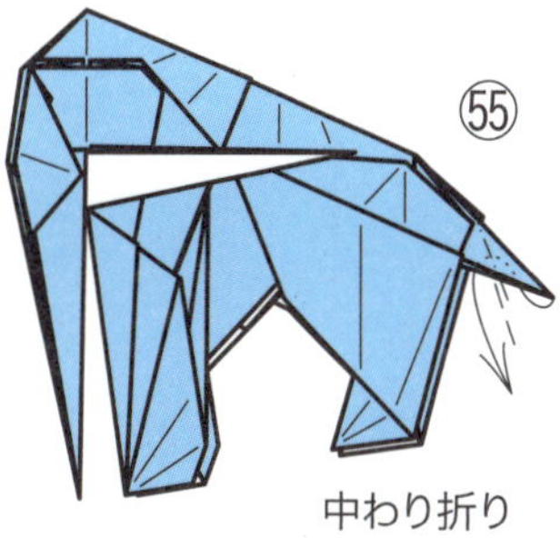

中わり折り

(54)

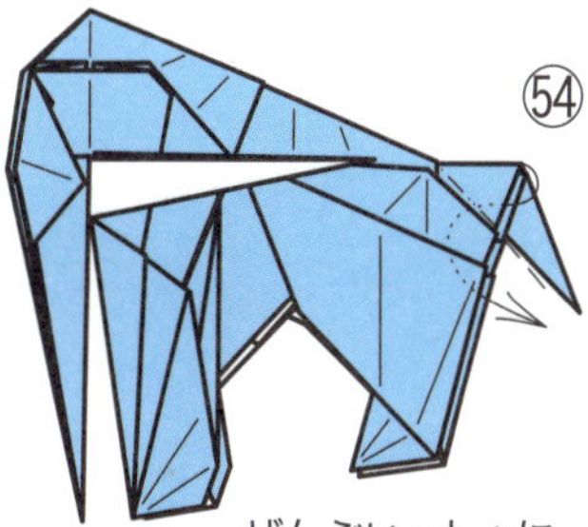

ぜんぶいっしょに
中わり折り

(53)

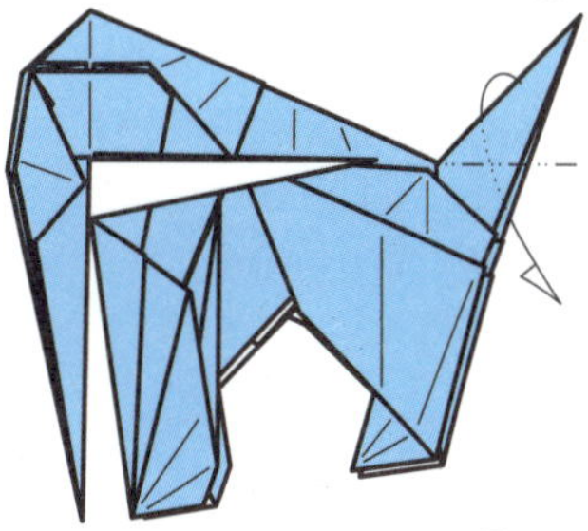

(50)

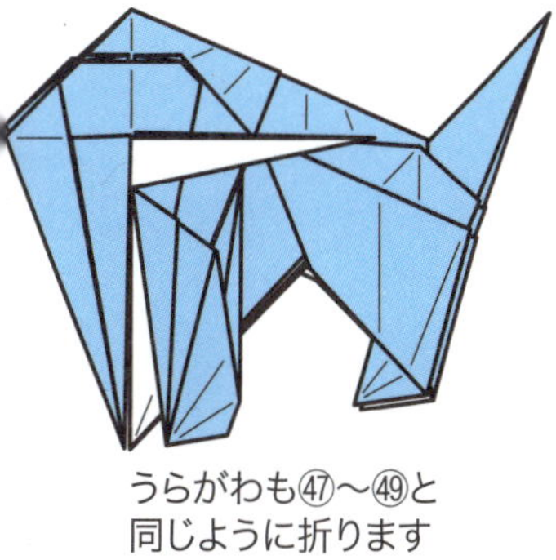

うらがわも㊼〜㊾と
同じように折ります

(51)

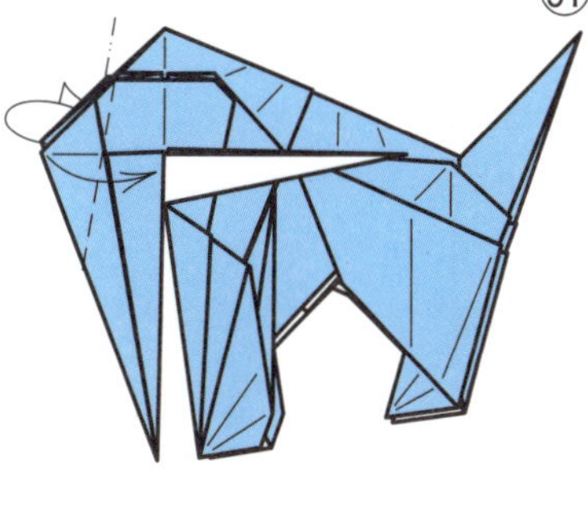

(52)

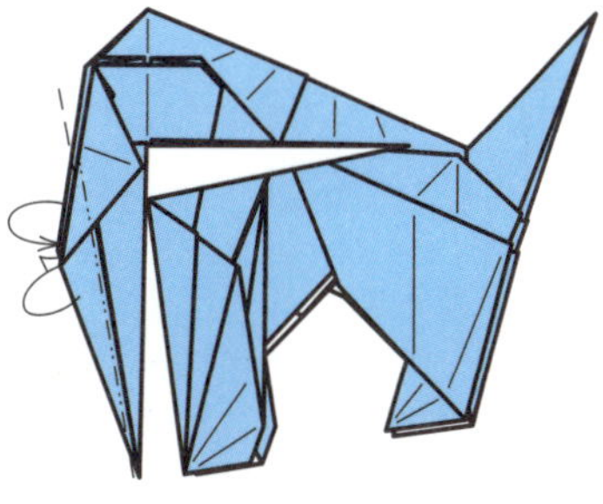

Triceratops
トリケラトプス

月刊おりがみ322号に掲載された作品を発展させて角を折り出すようにしました。

（㉚参考写真）

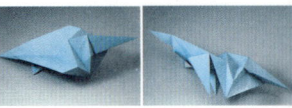

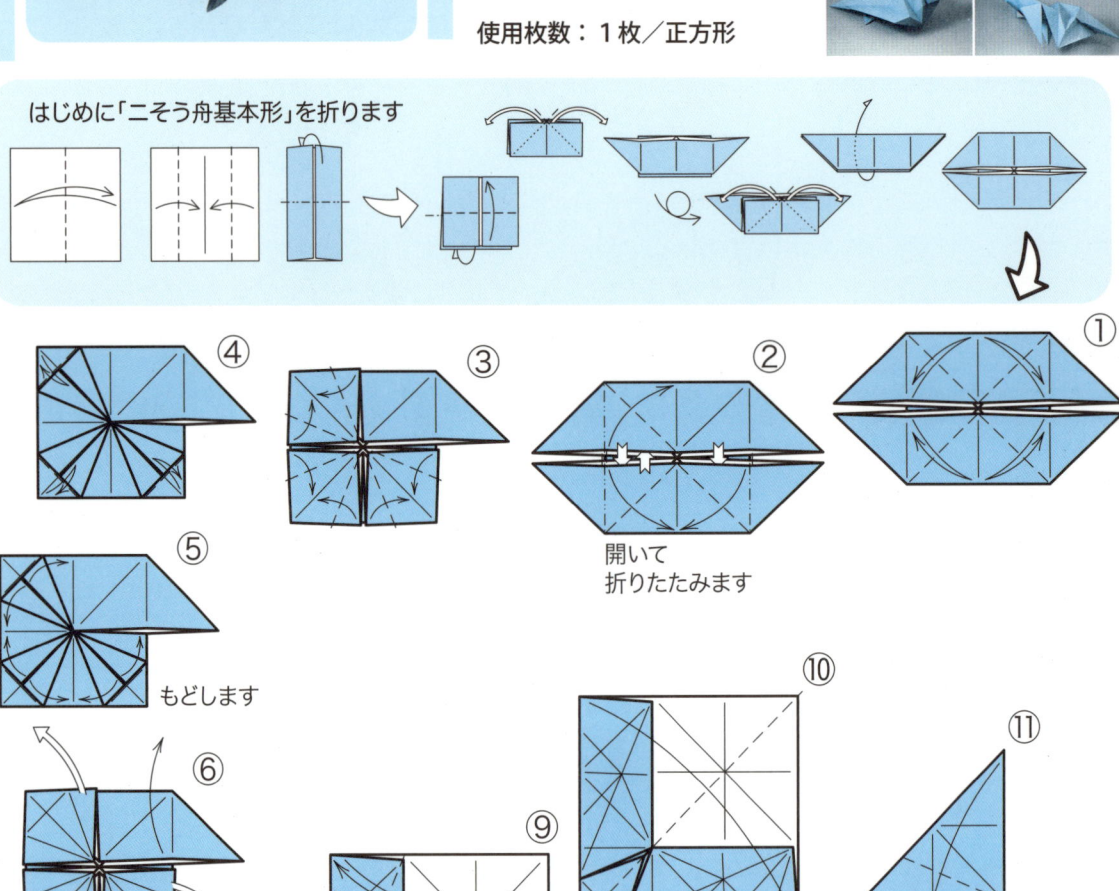

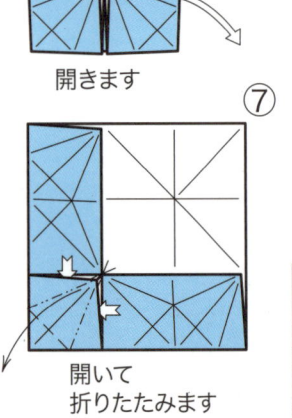

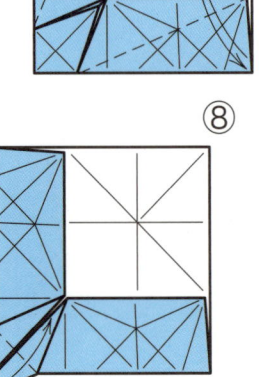

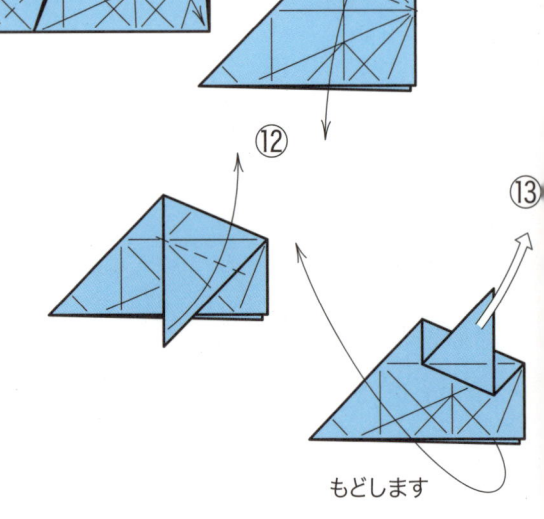

使用枚数：1枚／正方形

はじめに「二そう舟基本形」を折ります

① ② ③ ④
⑤ もどします
⑥ 開きます
⑦ 開いて折りたたみます
⑧ ⑨ ⑩ ⑪
⑫ ⑬ もどします

74　新作家シリーズ2

次ページに
つづく

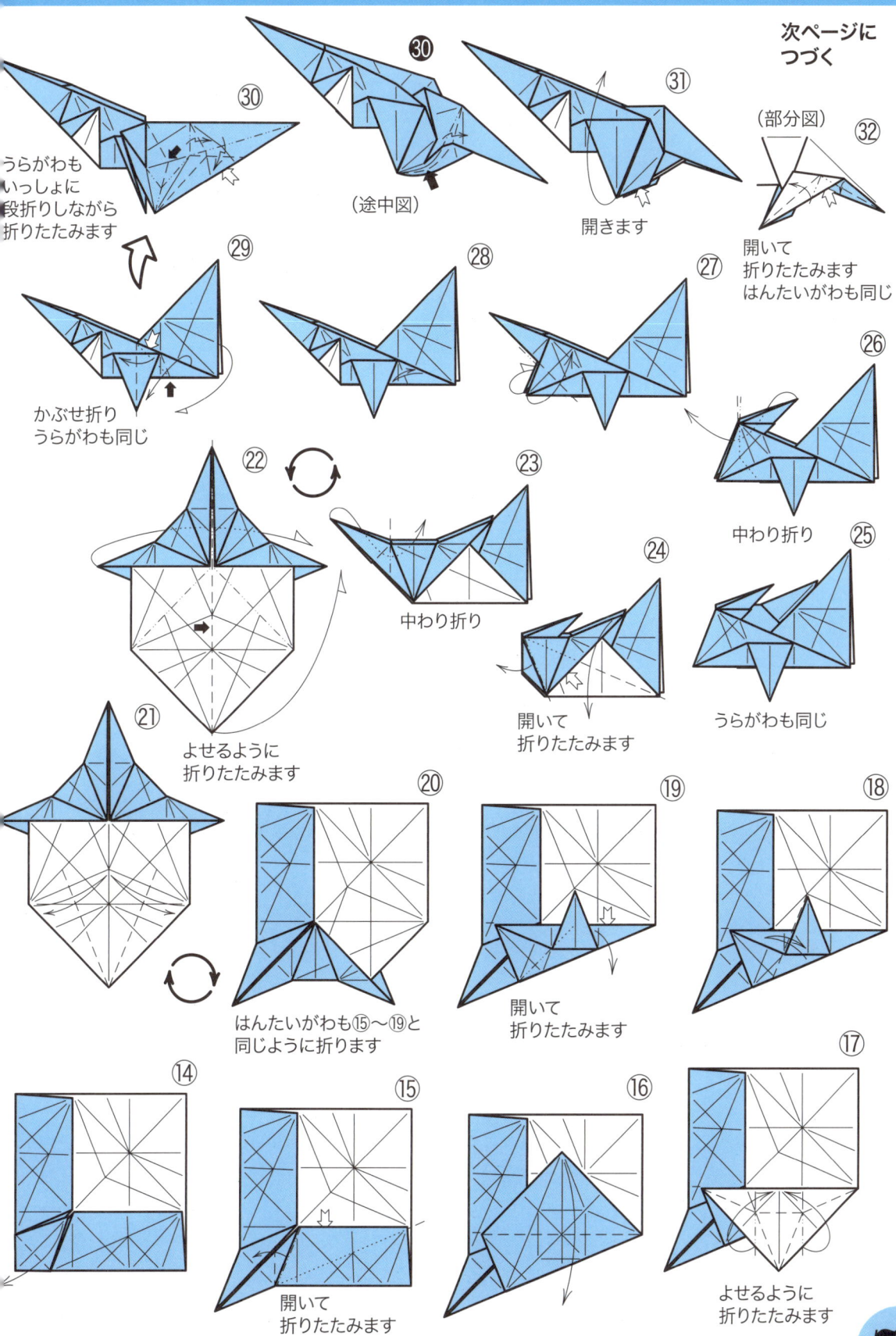

㉚ うらがわも
いっしょに
段折りしながら
折りたたみます

㉚（途中図）

㉛ 開きます

㉜（部分図）

㉙ かぶせ折り
うらがわも同じ

㉘

㉗ 開いて
折りたたみます
はんたいがわも同じ

㉒

㉓ 中わり折り

㉖ 中わり折り

㉔ 開いて
折りたたみます

㉕ うらがわも同じ

㉑ よせるように
折りたたみます

⑳ はんたいがわも⑮〜⑲と
同じように折ります

⑲ 開いて
折りたたみます

⑱

⑭

⑮ 開いて
折りたたみます

⑯

⑰ よせるように
折りたたみます

おしゃれ くうかん｜リラックスくうかん｜ナチュラルくうかん｜エキサイトくうかん

75

新作家シリーズ2

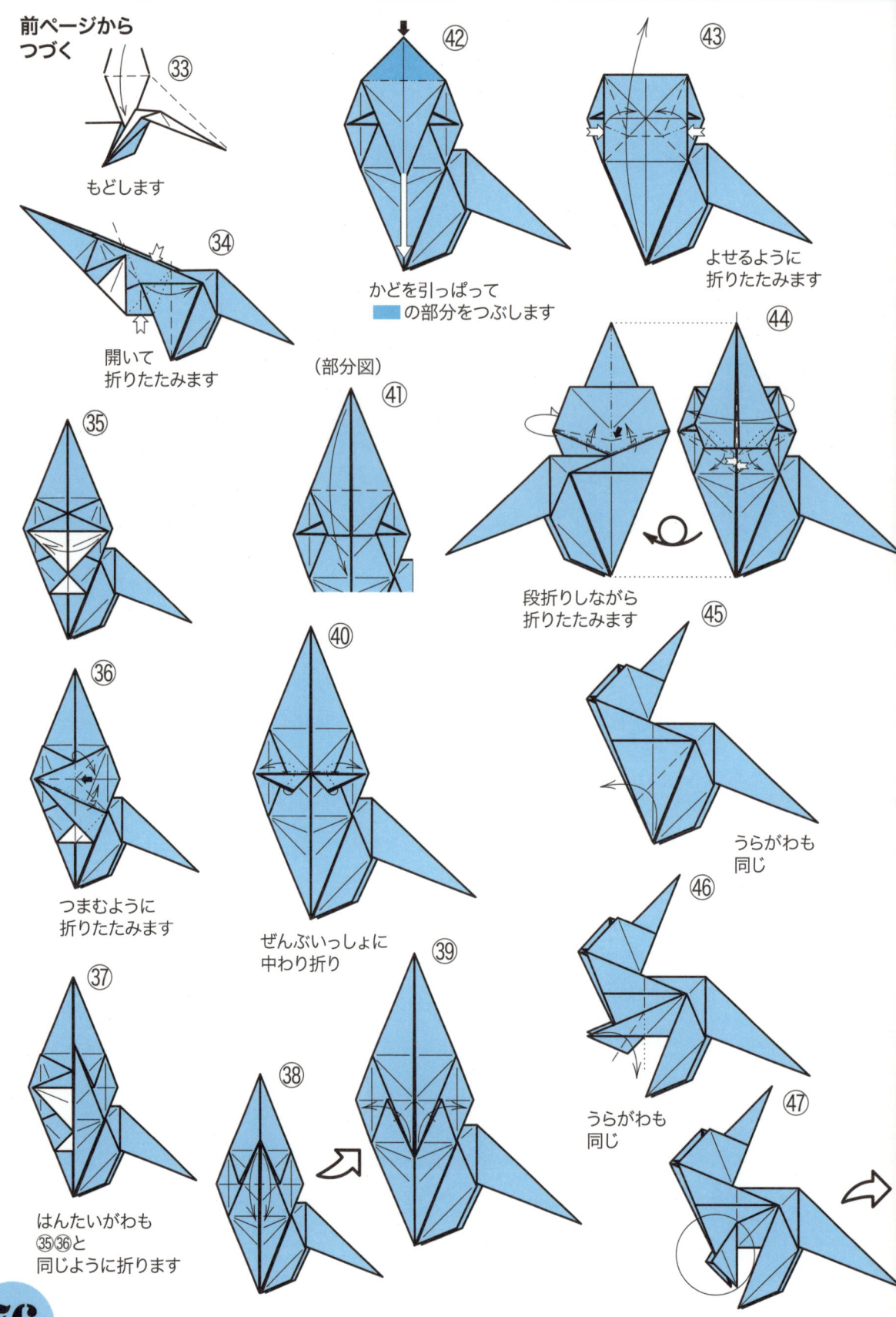

前ページから
つづく

㉝ もどします

㉞ 開いて折りたたみます

㉟

㊱ つまむように折りたたみます

㊲ はんたいがわも㉟㊱と同じように折ります

㊳

㊴ ぜんぶいっしょに中わり折り

㊵

㊶ (部分図)

㊷ かどを引っぱって■の部分をつぶします

㊸ よせるように折りたたみます

㊹ 段折りしながら折りたたみます

㊺ うらがわも同じ

㊻ うらがわも同じ

㊼

おしゃれくうかん｜リラックスくうかん｜ナチュラルくうかん｜エキサイトくうかん

76　新作家シリーズ2

⑥⑤ ⑥⑥ できあがり

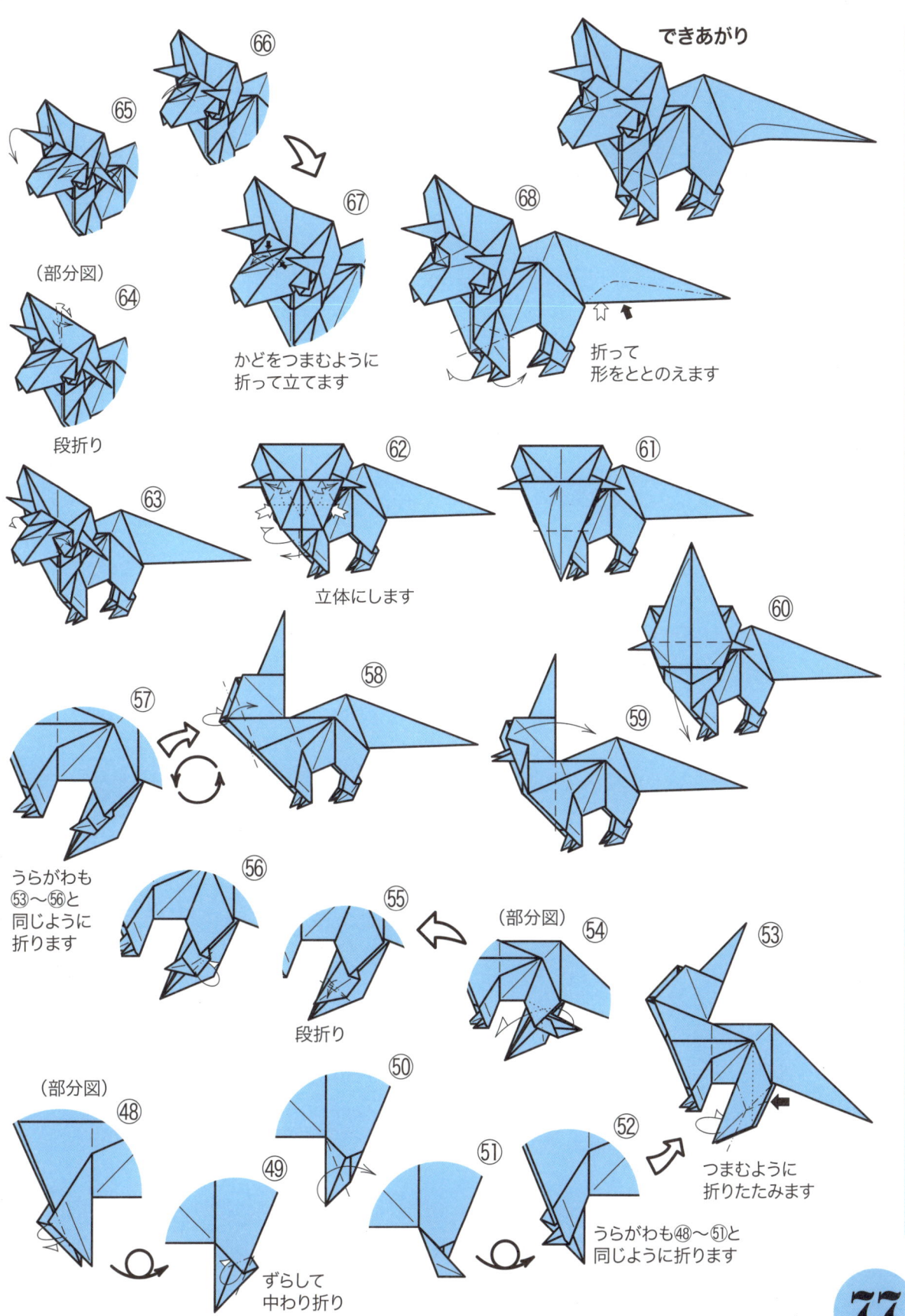

(部分図) ⑥④
段折り

⑥⑦ かどをつまむように折って立てます

⑥⑧ 折って形をととのえます

⑥③ ⑥② 立体にします ⑥①

⑥⓪

⑤⑦ ⑤⑧ ⑤⑨

うらがわも ⑤③〜⑤⑥と同じように折ります

⑤⑥ 段折り ⑤⑤ (部分図) ⑤④ ⑤③

(部分図) ㊽ ㊺ ㊾ ずらして中わり折り ㊼ ㊹ ㊾ うらがわも㊽〜㊼と同じように折ります ㊺ つまむように折りたたみます

おしゃれ くうかん｜リラックスくうかん｜ナチュラルくうかん｜エキサイトくうかん

新作家シリーズ2

77

Spinosaurus
スピノサウルス

しずめ折りが多い作品です。

使用枚数：1枚／正方形

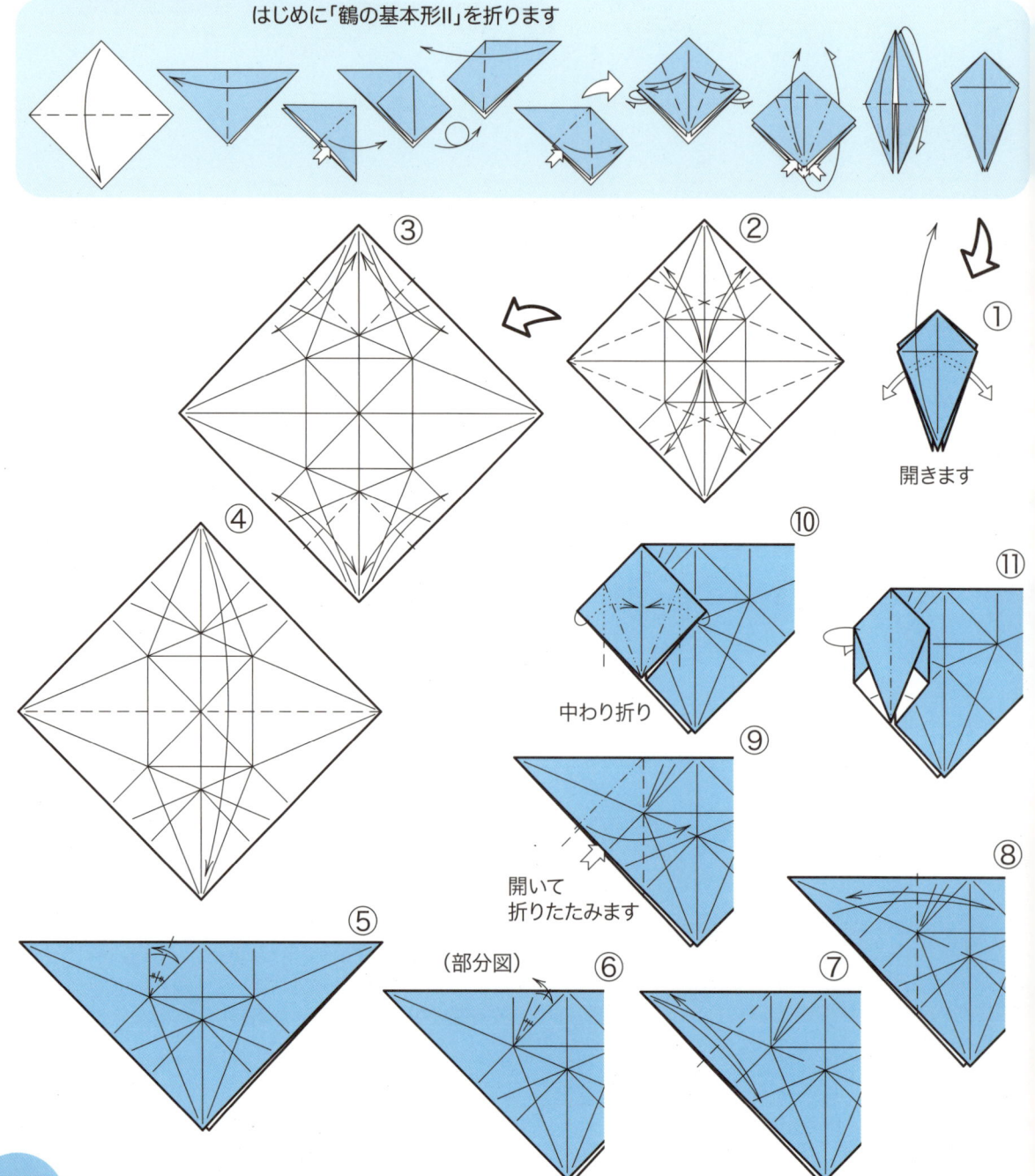

はじめに「鶴の基本形Ⅱ」を折ります

中わり折り

開いて
折りたたみます

(部分図)

新作家シリーズ2

㉓ 中で中わり折り

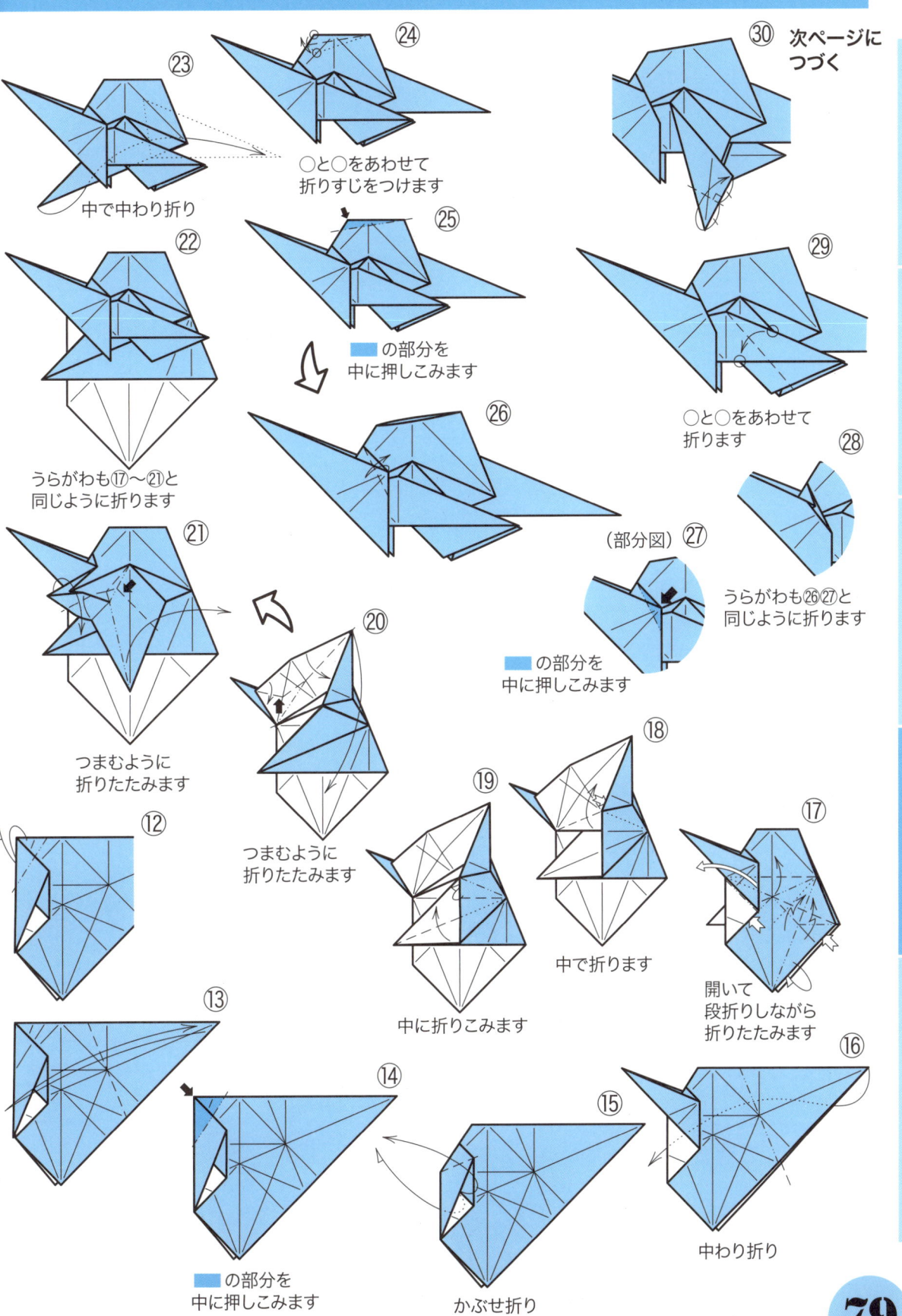

㉔ ○と○をあわせて折りすじをつけます

㉚ 次ページにつづく

㉒ うらがわも⑰〜㉑と同じように折ります

㉕ ■の部分を中に押しこみます

㉙ ○と○をあわせて折ります

㉑ つまむように折りたたみます

㉖

㉘

㉗（部分図）うらがわも㉖㉗と同じように折ります

■の部分を中に押しこみます

⑳ つまむように折りたたみます

⑫

⑲ 中に折りこみます

⑱ 中で折ります

⑰ 開いて段折りしながら折りたたみます

⑬ ■の部分を中に押しこみます

⑭

⑮ かぶせ折り

⑯ 中わり折り

おしゃれ くうかん ／ リラックス くうかん ／ ナチュラル くうかん ／ エキサイト くうかん

新作家シリーズ2

79

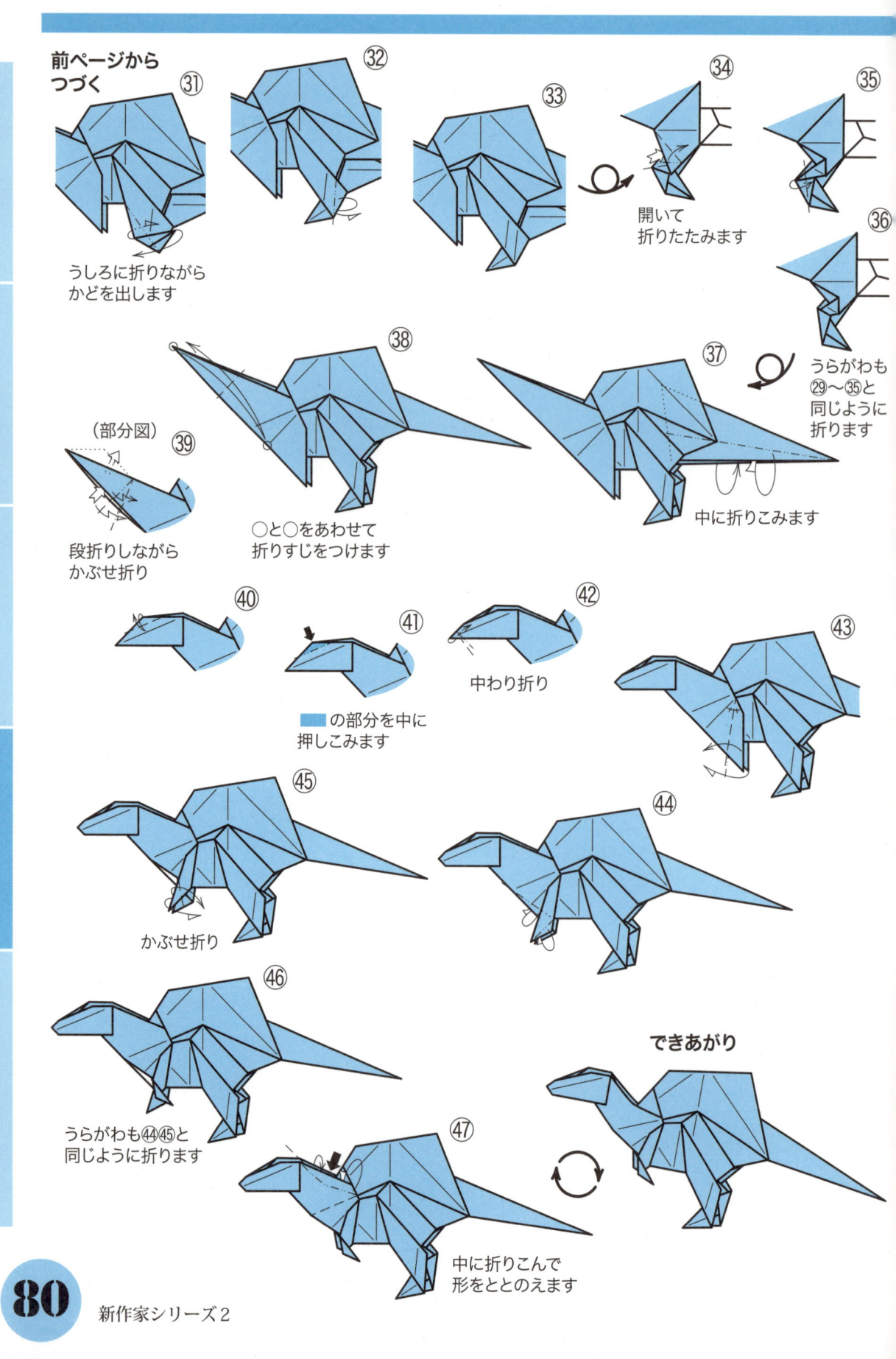

前ページから
つづく

㉛

㉜

㉝

㉞ 開いて折りたたみます

㉟

㊱

うしろに折りながらかどを出します

（部分図）㊴
段折りしながらかぶせ折り

㊳
○と○をあわせて折りすじをつけます

㊲ 中に折りこみます

うらがわも㉙〜㉟と同じように折ります

㊵

㊶ ■の部分を中に押しこみます

㊷ 中わり折り

㊸

㊹ かぶせ折り

㊹

㊻
うらがわも㊹㊺と同じように折ります

㊼ 中に折りこんで形をととのえます

できあがり

80 新作家シリーズ2

Motorcycle
オートバイ

月刊おりがみ198号に掲載されたモーターサイクルの折り方を整理して、レーサーレプリカにリメイクしました。

使用枚数：3枚／正方形

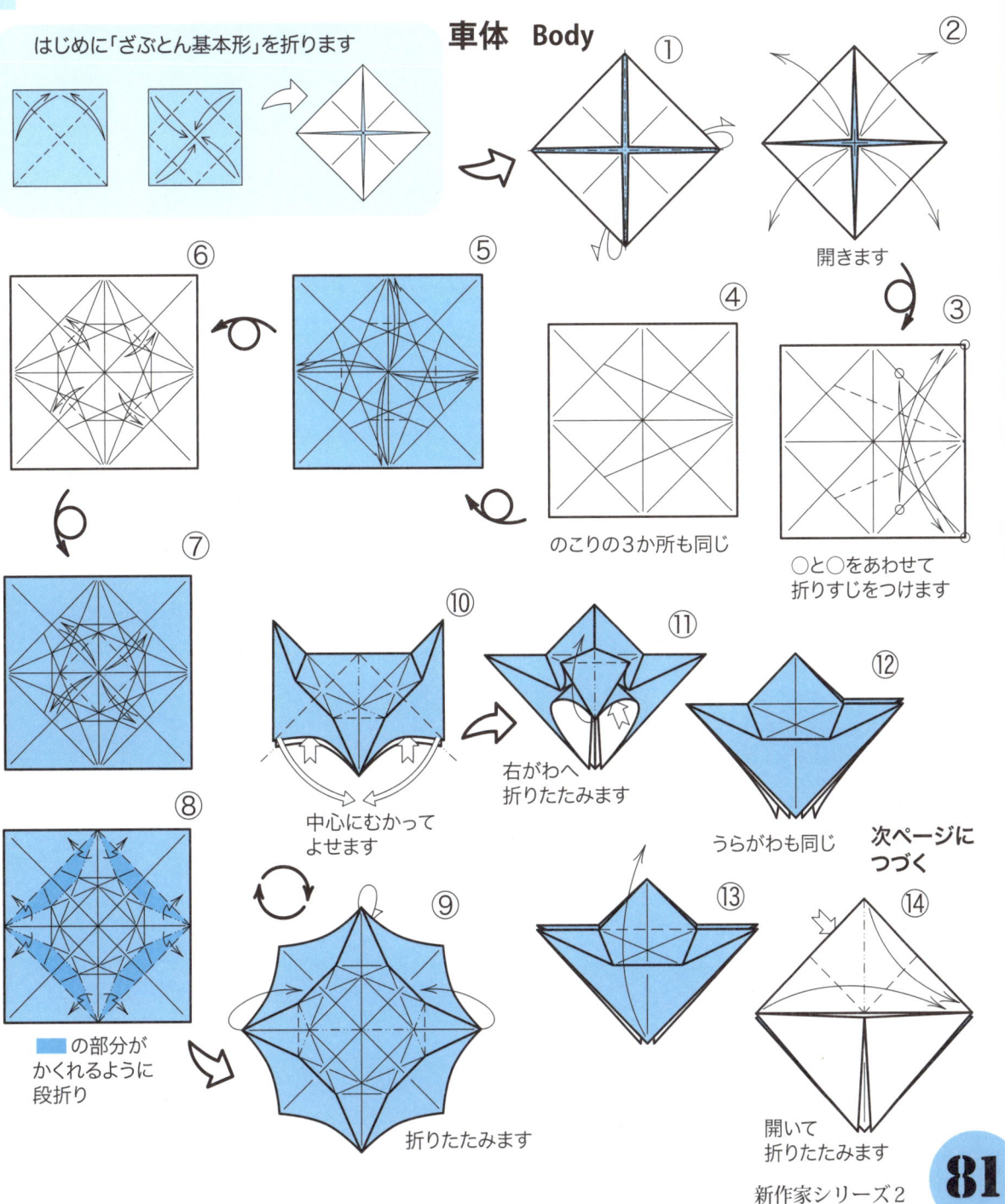

車体　Body

はじめに「ざぶとん基本形」を折ります

①
② 開きます
③ ○と○をあわせて折りすじをつけます
④ のこりの3か所も同じ
⑤
⑥
⑦
⑧ ■の部分がかくれるように段折り
⑨ 折りたたみます
⑩ 中心にむかってよせます
⑪ 右がわへ折りたたみます
⑫ うらがわも同じ
⑬
⑭ 開いて折りたたみます

次ページにつづく

おしゃれくうかん｜リラックスくうかん｜ナチュラルくうかん｜エキサイトくうかん

81

新作家シリーズ2

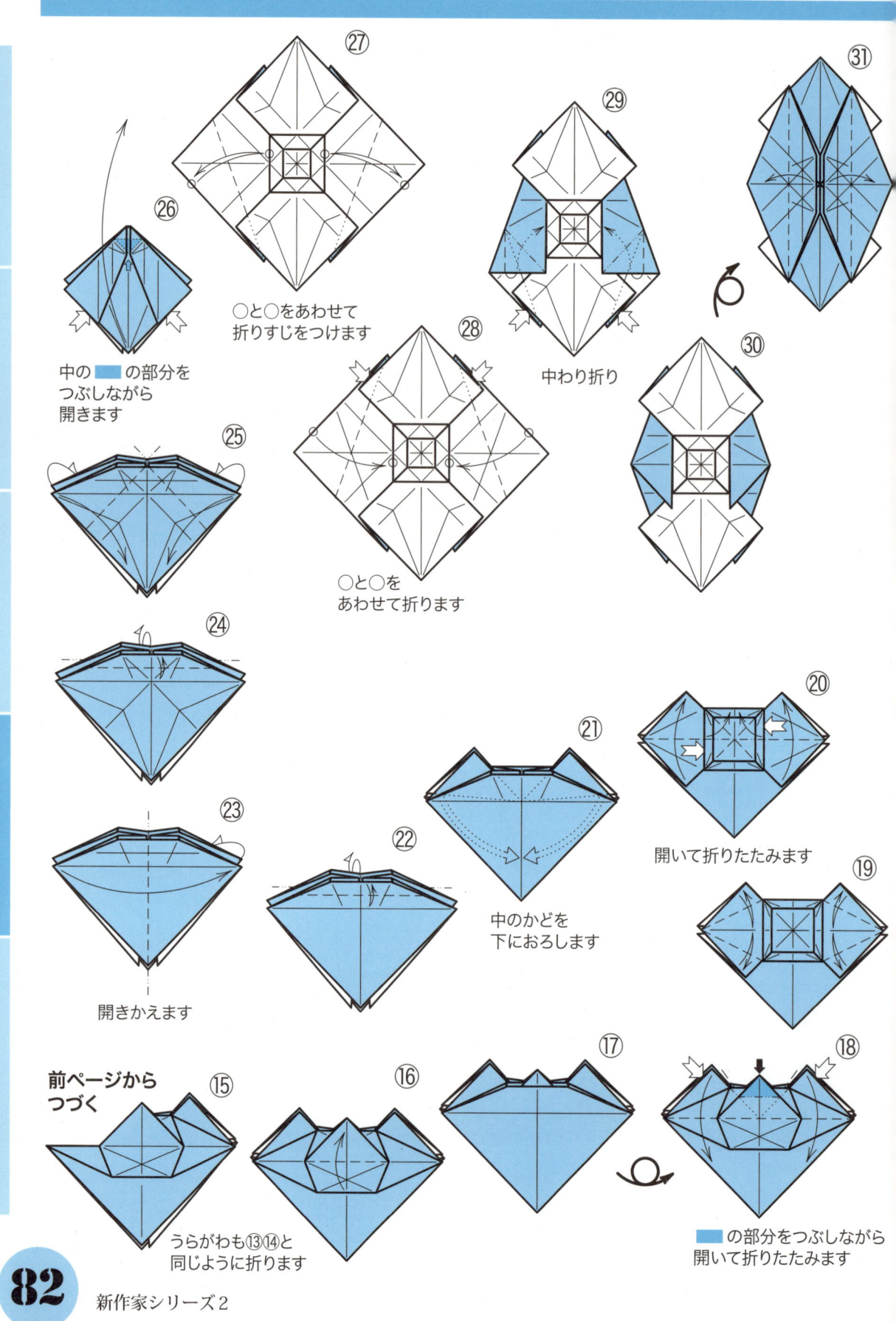

㉖ 中の■の部分を
つぶしながら
開きます

㉗ ○と○をあわせて
折りすじをつけます

㉘ ○と○を
あわせて折ります

㉙

㉚

㉛

㉕

㉔

㉓ 開きかえます

㉒ 中のかどを
下におろします

㉑

⑳ 開いて折りたたみます

⑲

前ページから
つづく

⑮

⑯ うらがわも⑬⑭と
同じように折ります

⑰

⑱ ■の部分をつぶしながら
開いて折りたたみます

おしゃれ くうかん｜リラックス くうかん｜ナチュラル くうかん｜エキサイト くうかん

82 新作家シリーズ2

㉜ ㉝ ㉞ ㉟

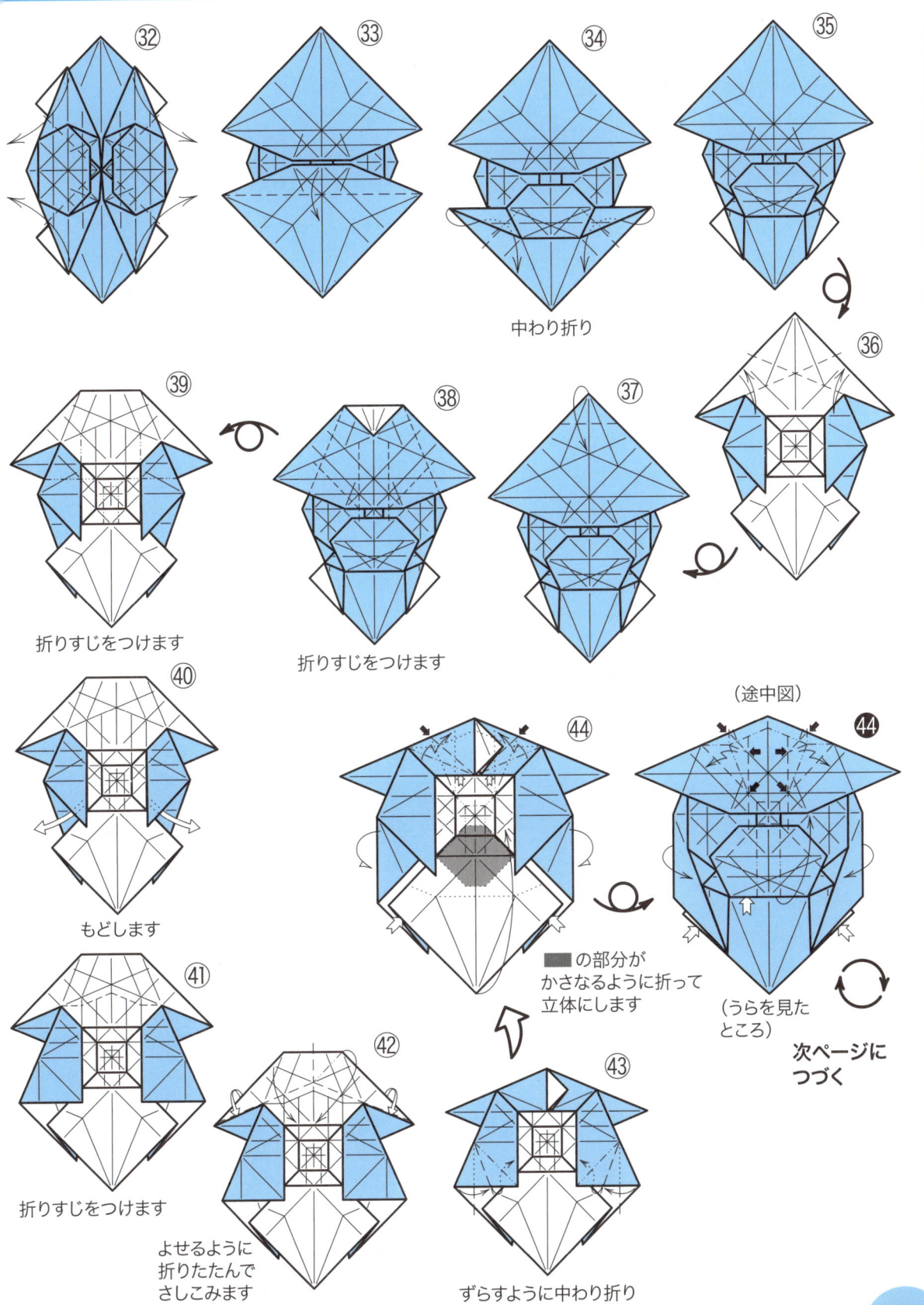

中わり折り

㊴ ㊳ ㊲ ㊱

折りすじをつけます　　折りすじをつけます

㊵

もどします

㊶ ㊷ ㊸ ㊹ （途中図） ㊹

折りすじをつけます

よせるように
折りたたんで
さしこみます

ずらすように中わり折り

■の部分が
かさなるように折って
立体にします

（うらを見た
ところ）

次ページに
つづく

おしゃれ くうかん ｜ リラックス くうかん ｜ ナチュラル くうかん ｜ エキサイト くうかん

83

新作家シリーズ2

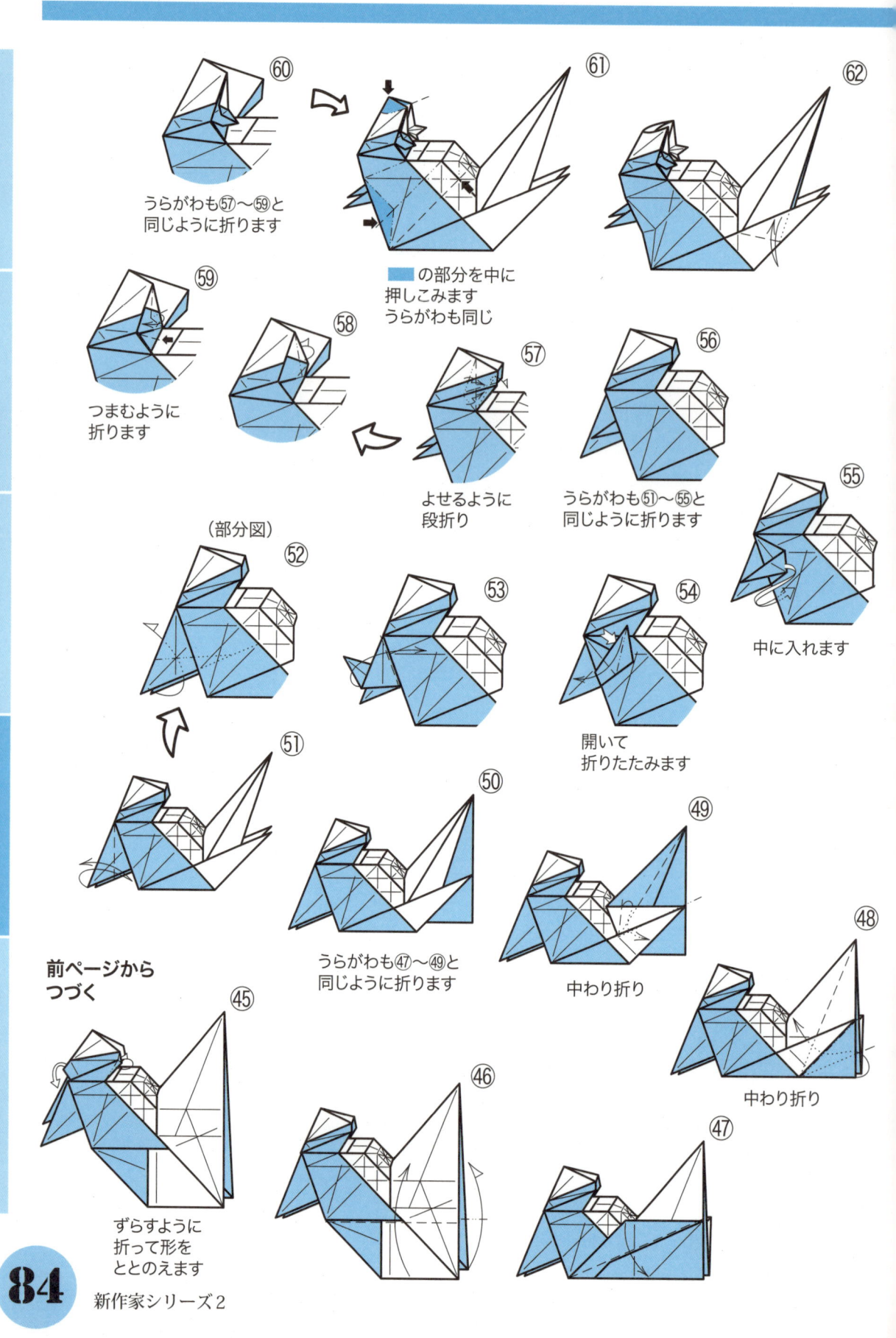

㉖ うらがわ㊺〜㊾と同じように折ります

㊸ 中わり折り

㊹ 中わり折り

㊻

㊼

㊺ ずらすように折って形をととのえます

前ページからつづく

㊿ うらがわ㊼〜㊾と同じように折ります

㊾ 中わり折り

51

52 (部分図)

53

54 開いて折りたたみます

55 中に入れます

56 うらがわ51〜55と同じように折ります

57 よせるように段折り

58

59 つまむように折ります

60 うらがわ57〜59と同じように折ります

61 ■の部分を中に押しこみます うらがわも同じ

62

84 新作家シリーズ2

おしゃれくうかん｜リラックスくうかん｜ナチュラルくうかん｜エキサイトくうかん

㉓ かぶせ折り

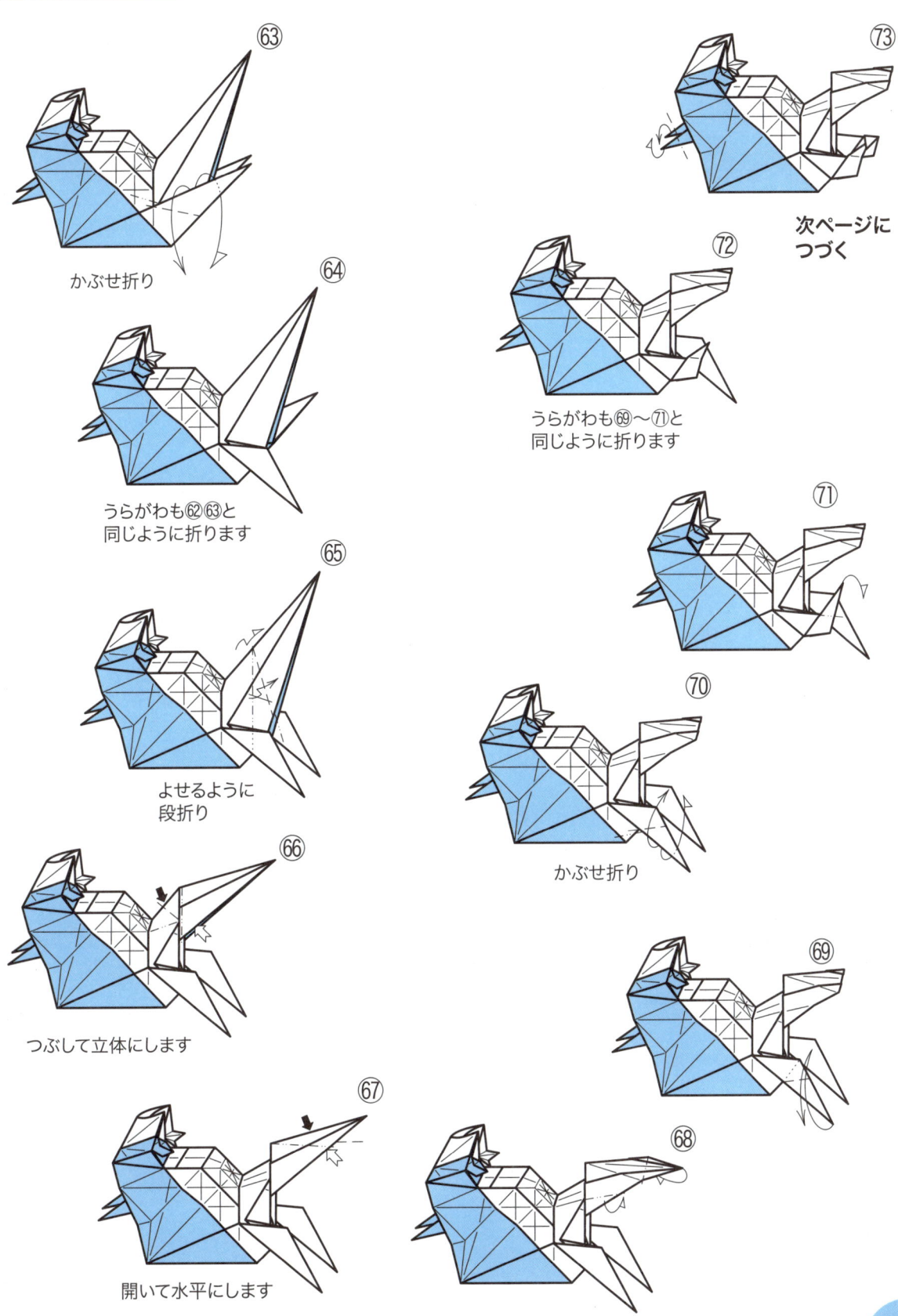

㉔ うらがわも㉒㉓と同じように折ります

㉕ よせるように段折り

㉖ つぶして立体にします

㉗ 開いて水平にします

㉘

㉙

㉚ かぶせ折り

㉛

㉜ うらがわも㉙〜㉛と同じように折ります

㉝ 次ページにつづく

おしゃれくうかん
リラックスくうかん
ナチュラルくうかん
エキサイトくうかん

85

新作家シリーズ2

前ページから
つづく

74

75

76

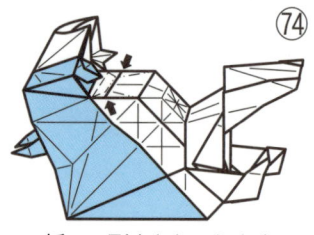

折って形をととのえます

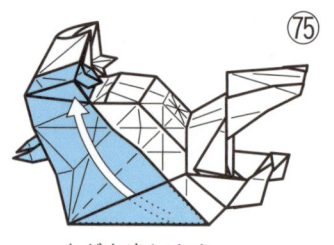

かどを出します
うらがわも同じ

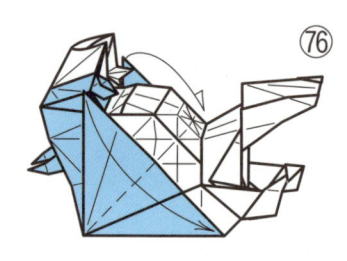

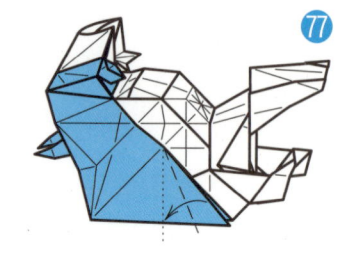

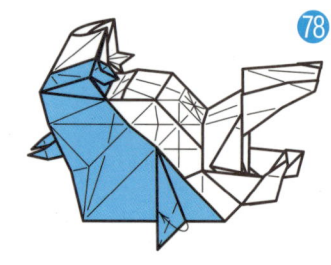

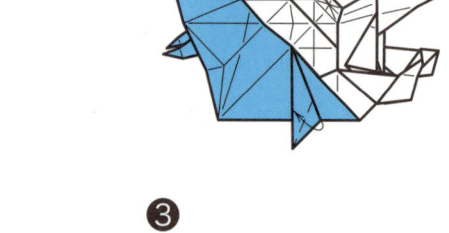

できあがり

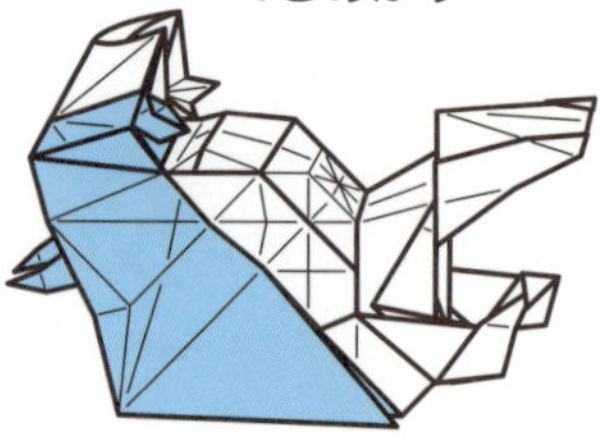

タイヤ Wheel

❶

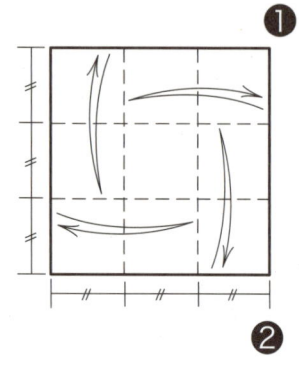

❷

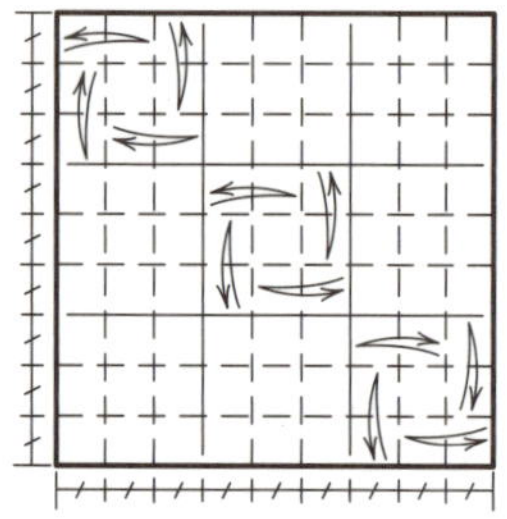

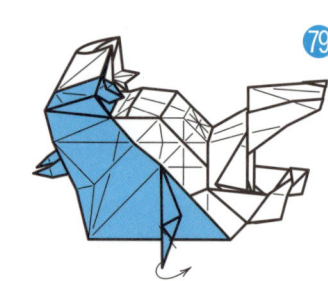

1マスをさらに
三等分します

❸

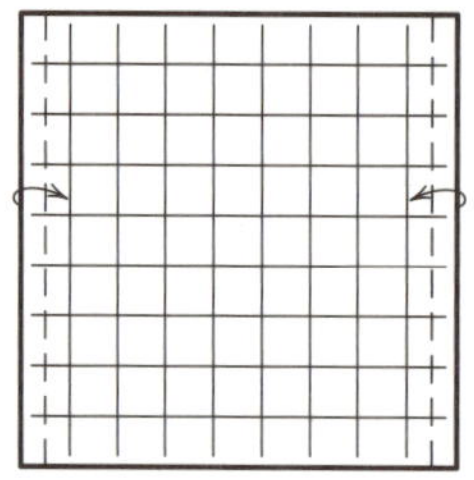

❹

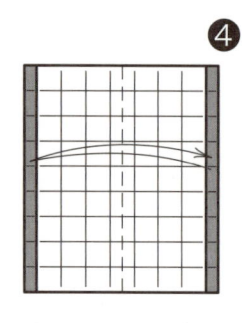

❺

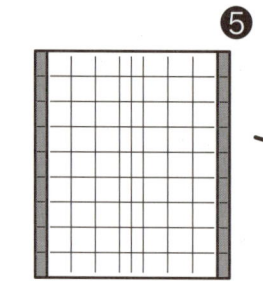

❻

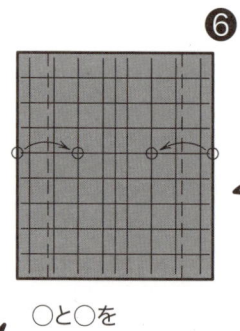

○と○を
あわせて折ります

❼

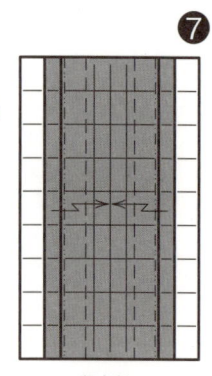

段折り

77

78

79

折って形をととのえます

86　新作家シリーズ2

●紙の大きさのわりあい●

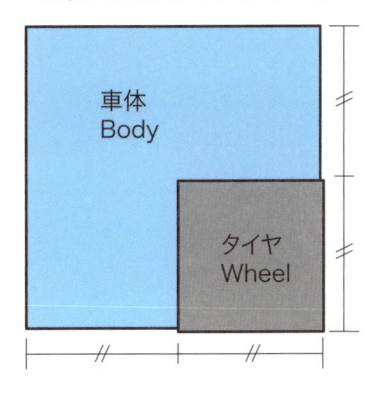

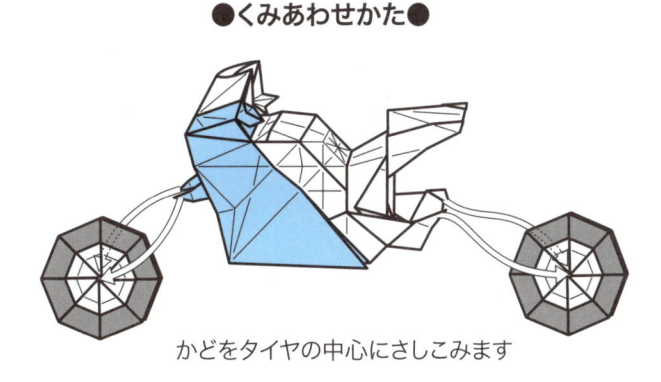

車体
Body

タイヤ
Wheel

●くみあわせかた●

かどをタイヤの中心にさしこみます

※車軸の位置を
タイヤにあわせて
調整しましょう

できあがり

スタンドつき車体 できあがり

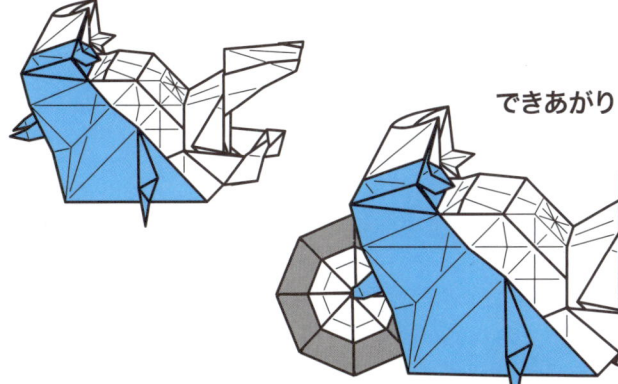

できあがり

できあがり

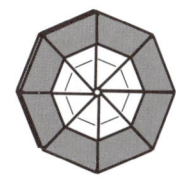

同じものを
各2こ作ります

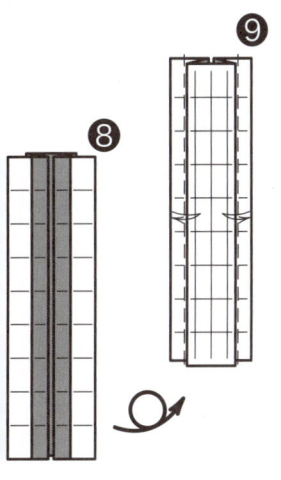

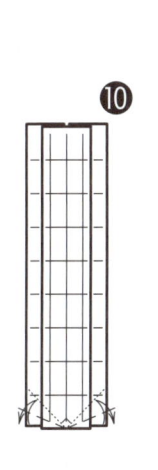

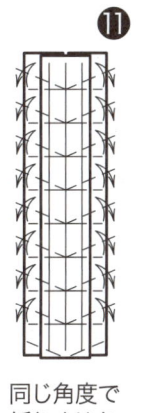

❽ ❾ ❿ ⓫ ⓬ ⓭ ⓮

同じ角度で
折りすじを
つけます

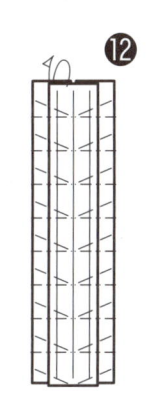

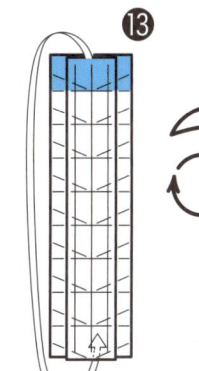

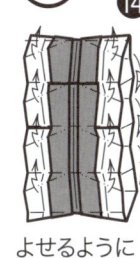

■の部分を
さしこんで輪にします

よせるように
折って立体に
します

おしゃれ くうかん｜リラックス くうかん｜ナチュラル くうかん｜エキサイト くうかん

87

新作家シリーズ2

レーシングカー

Racing car

図⑯では、簡単に折りすじをつけられるように半分に折っていますが、広げて折りすじをつけるとよりきれいに仕上がります。空力パーツ（ウイング）はのりづけします。

使用枚数：3枚／正方形

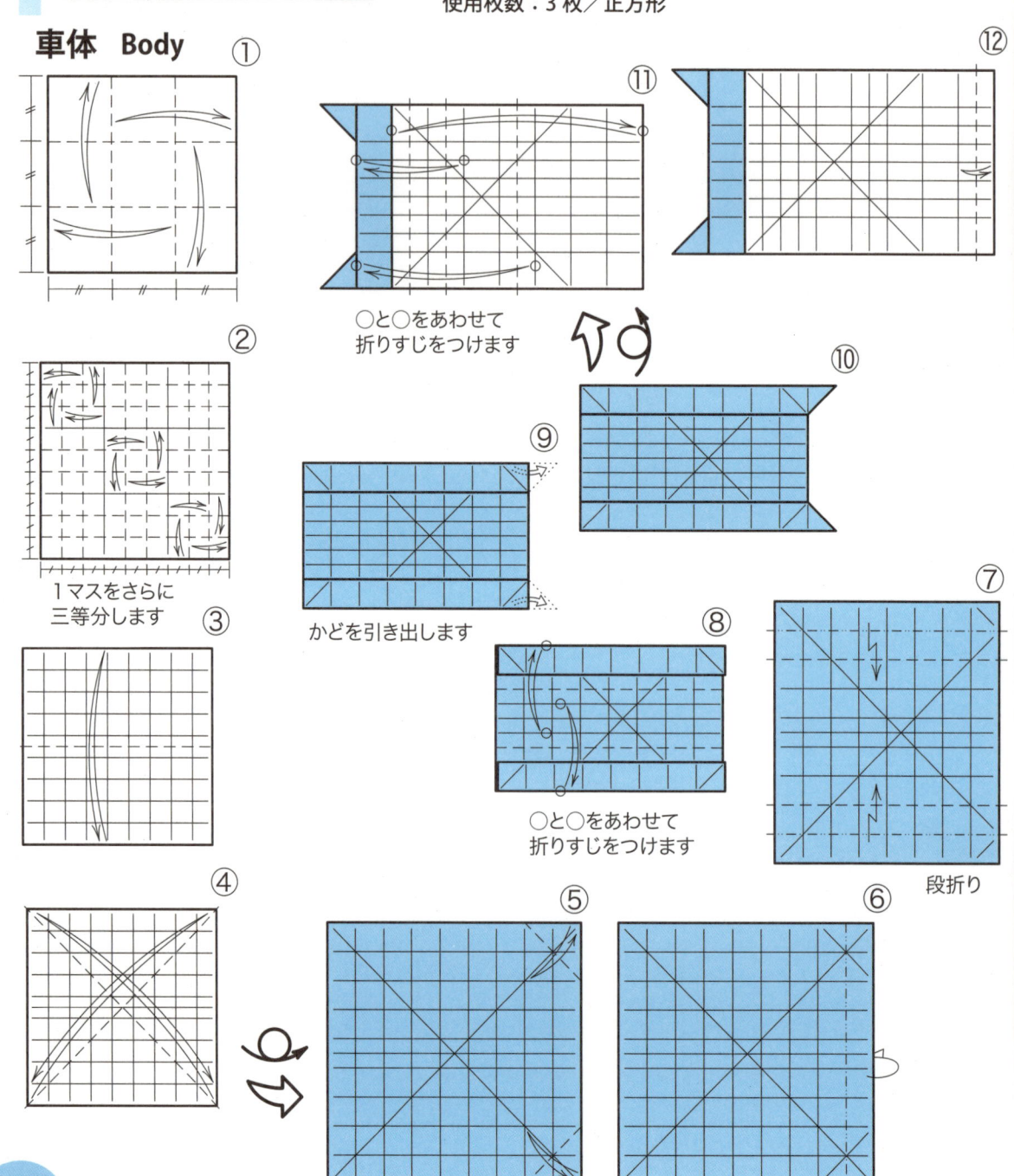

車体 Body

①

② 1マスをさらに三等分します

③

④

⑤

⑥

⑦ 段折り

⑧ ○と○をあわせて折りすじをつけます

⑨ かどを引き出します

⑩

⑪ ○と○をあわせて折りすじをつけます

⑫

88　新作家シリーズ2

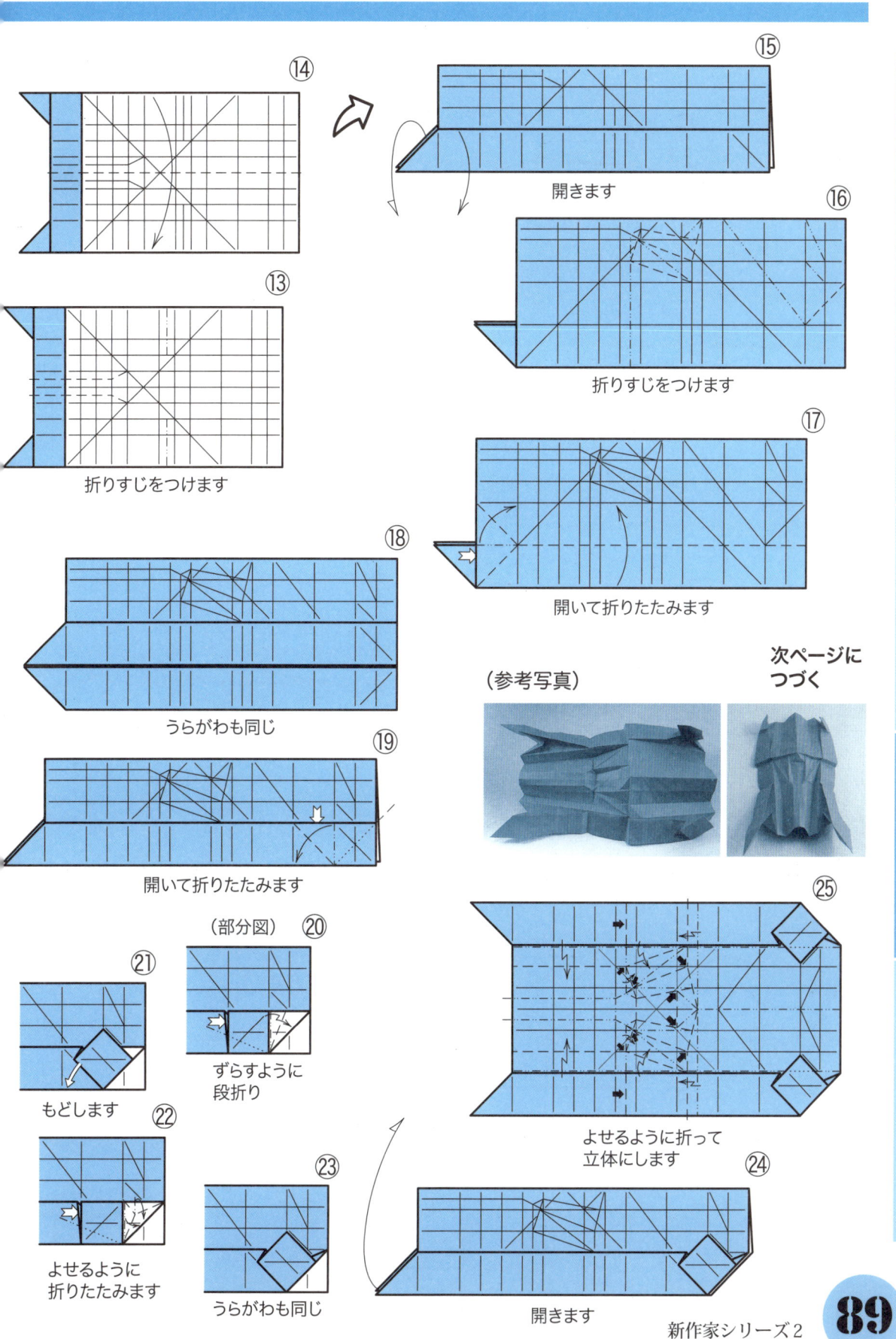

⑭

⑬
折りすじをつけます

⑮
開きます

⑯
折りすじをつけます

⑰
開いて折りたたみます

⑱
うらがわも同じ

⑲
開いて折りたたみます

（参考写真）

次ページに
つづく

⑳（部分図）
ずらすように
段折り

㉑
もどします

㉒
よせるように
折りたたみます

㉓
うらがわも同じ

㉔
開きます

㉕
よせるように折って
立体にします

おしゃれ くうかん ｜ リラックス くうかん ｜ ナチュラル くうかん ｜ エキサイト くうかん

新作家シリーズ2

89

㉚ (部分図)

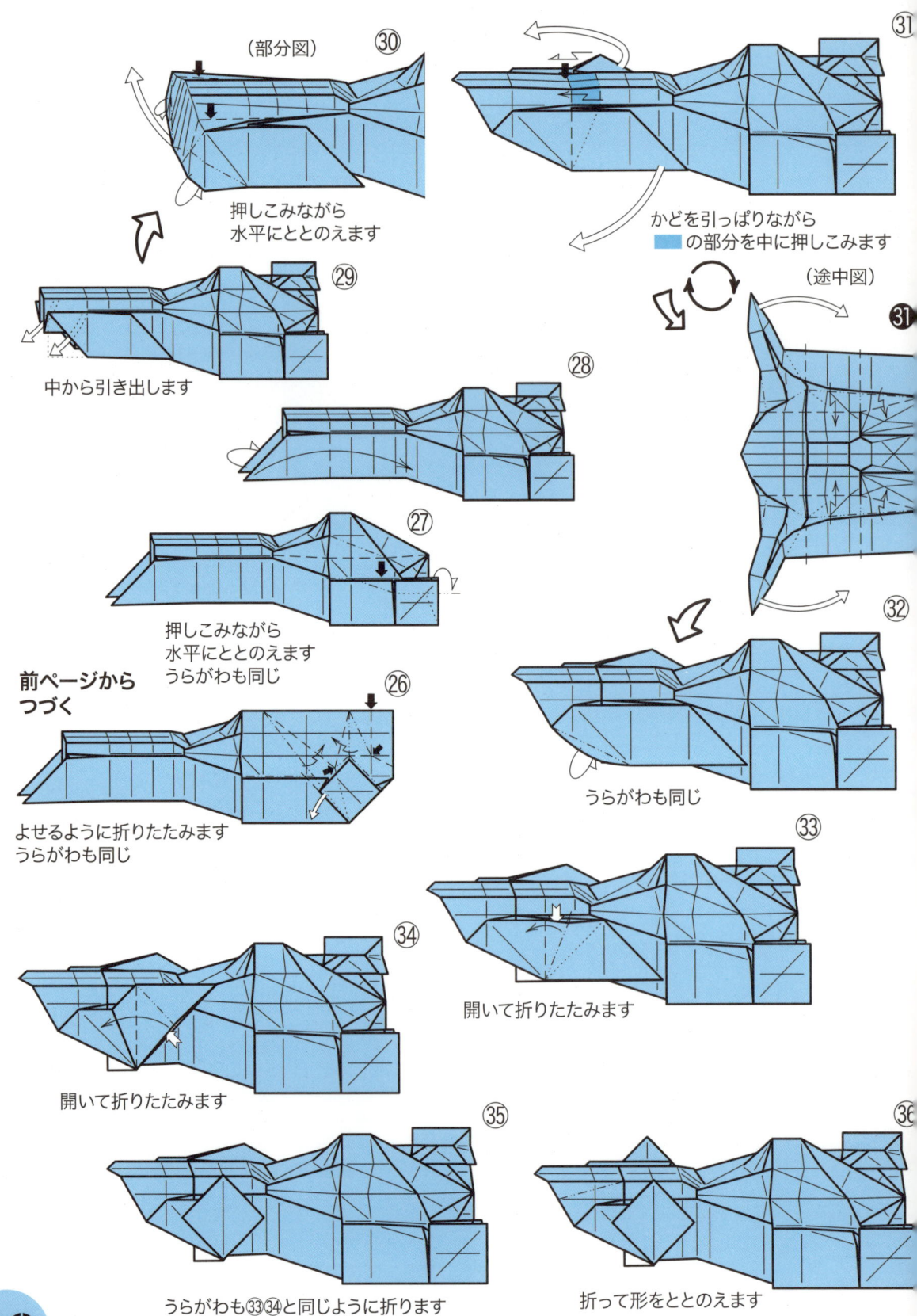

押しこみながら
水平にととのえます

㉛
かどを引っぱりながら ■ の部分を中に押しこみます

㉙
中から引き出します

㉛ (途中図)

㉘

㉜
うらがわも同じ

㉗
押しこみながら
水平にととのえます
うらがわも同じ

前ページから
つづく

㉖
よせるように折りたたみます
うらがわも同じ

㉝
開いて折りたたみます

㉞
開いて折りたたみます

㉟
うらがわも㉝㉞と同じように折ります

㊱
折って形をととのえます

90
新作家シリーズ2

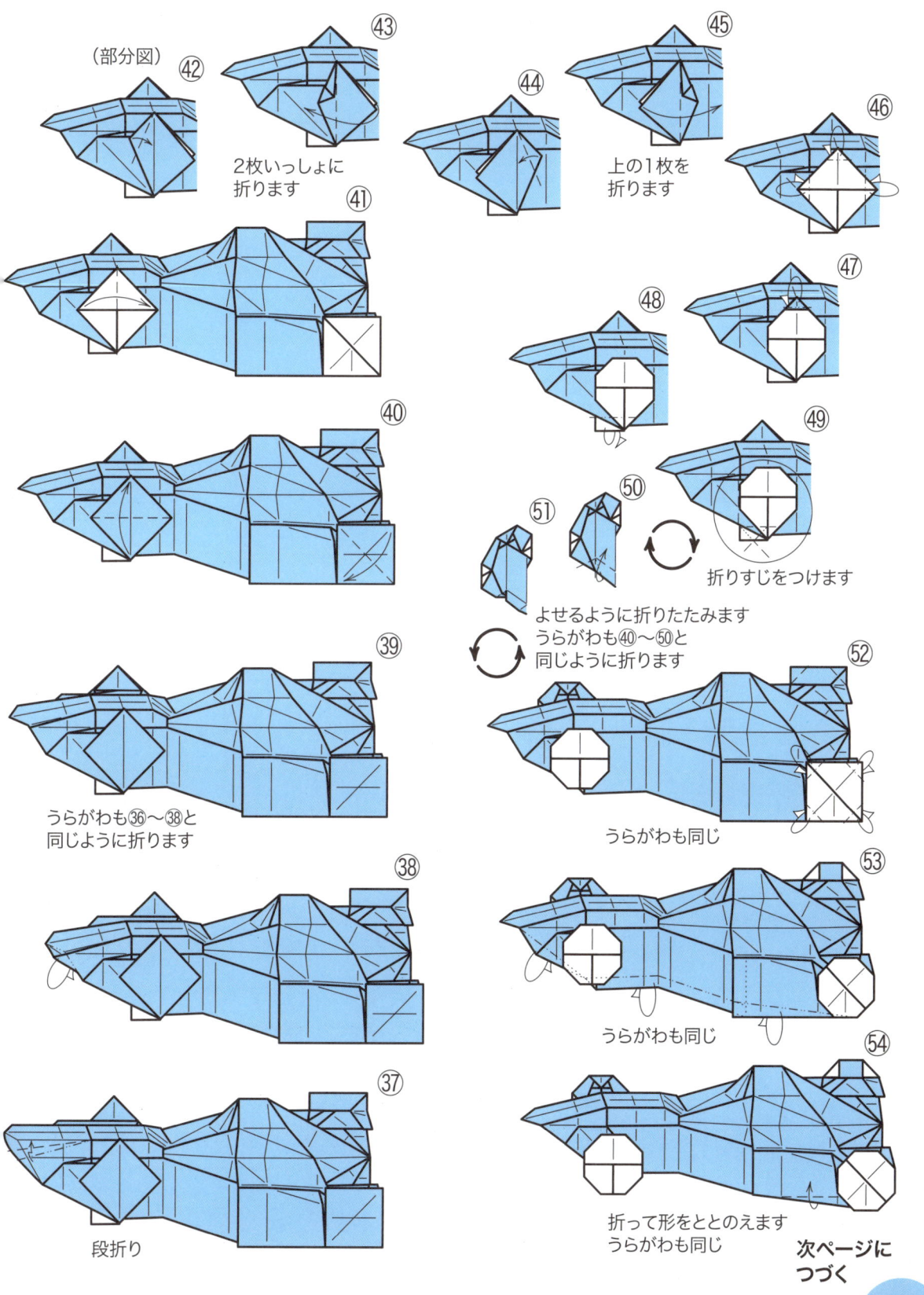

㊷ (部分図)

㊸ 2枚いっしょに折ります

㊹ 上の1枚を折ります

㊺

㊻

㊶

㊽

㊼

㊾ 折りすじをつけます

㊿

51 よせるように折りたたみます
うらがわも㊵～㊿と同じように折ります

㊵

39 うらがわも㊱～㊳と同じように折ります

52 うらがわも同じ

㊳

53 うらがわも同じ

㊲ 段折り

54 折って形をととのえます
うらがわも同じ

次ページにつづく

おしゃれ くうかん | リラックスくうかん | ナチュラルくうかん | エキサイトくうかん

91

新作家シリーズ2

フロントウイング　Front wing

はじめに「かんのん基本形」を折ります

① もどします

②

③

④

⑤ 段折り

⑥

⑦ 上の1枚に折りすじをつけます

⑧ 上のすきまを開いて折りたたみます

⑨

⑩ ■の部分を中に押しこみます

⑪

⑫ 2枚めのすきまを開いて折りたたみます

⑬

⑭ ○と○をあわせて折りすじをつけます

前ページからつづく

できあがり

タイヤを黒くぬりましょう

リアウイング　Rear wing

① ② ③ ④ ⑤ ⑥

次ページにつづく

できあがり

㉙ ㉘ ㉗ ㉖ ㉕

段折り　　　　　立てます

㉑ ㉒ ㉓ ㉔

段折り　　うしろに折ります　　折って立てます

⑳ ⑲ ⑱

中わり折り

⑮ ⑯ ⑰

折りすじをつけます

■の部分を中に押しこみながら折りたたみます

おしゃれくうかん　リラックスくうかん　ナチュラルくうかん　エキサイトくうかん

93

新作家シリーズ2

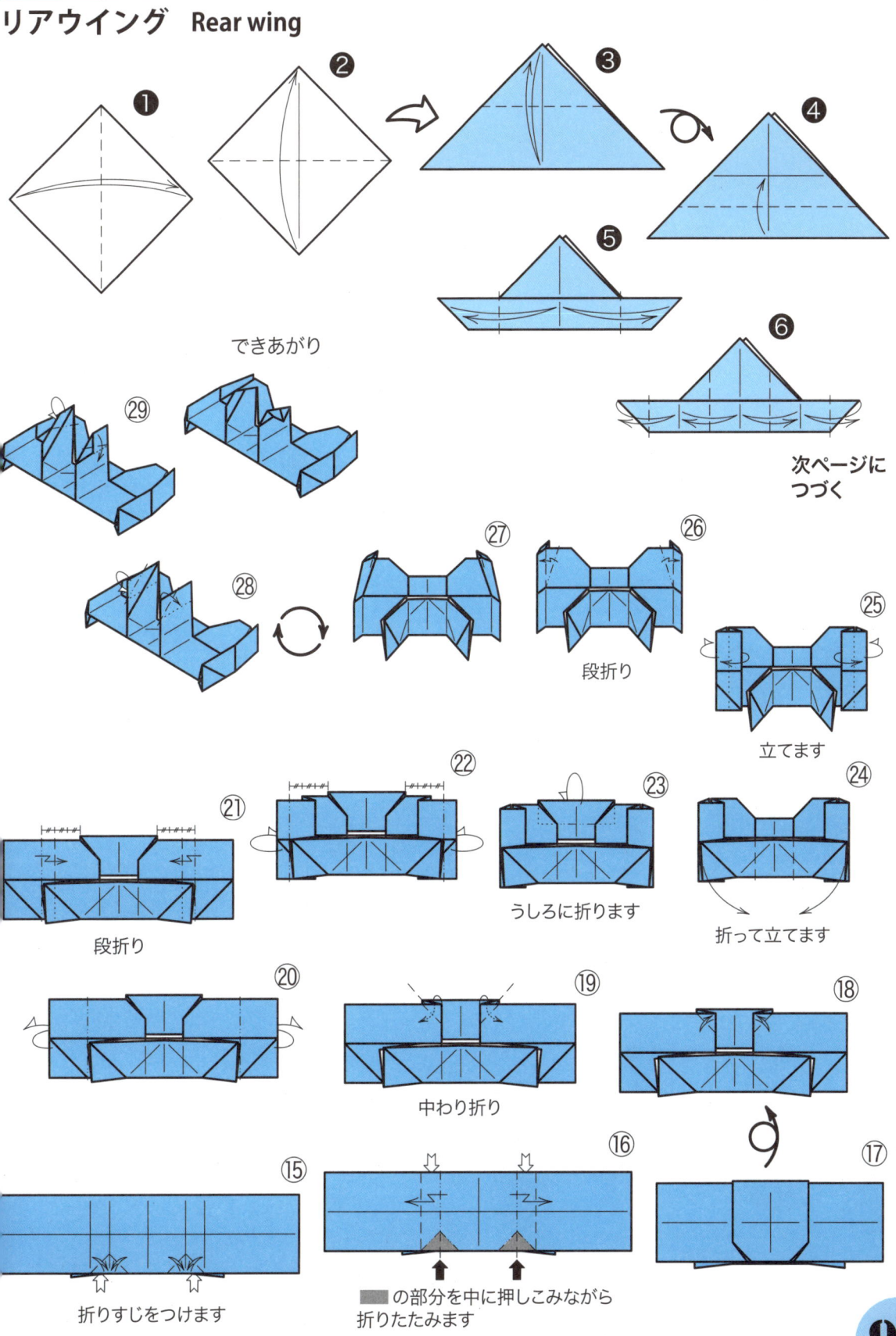

おしゃれ くうかん
リラックス くうかん
ナチュラル くうかん
エキサイト くうかん

❽ 中わり折り

❾ ぜんぶいっしょに折ります

❿ 2枚いっしょに折りすじをつけます

❼ 開きます

前ページからつづく

⓫ 2枚いっしょに折ります

⓬ 開いて折りたたみます

⓭

⓮ 中わり折り

⓯ かどを出しながらうしろに折ります

⓱

⓰

⓲ 折って立てて立体にします

⓳ 折って立てます

⓴ の部分を中にさしこみます

㉑ 上の1枚を折ります

㉒

できあがり

●紙の大きさのわりあい●

車体 Body

フロントウイング Front wing
リアウイング Rear wing

●くみあわせかた●

車体の中にあるかどにフロントウイングを引っかけます

車体にリアウイングをさしこみます

できあがり

94 新作家シリーズ2

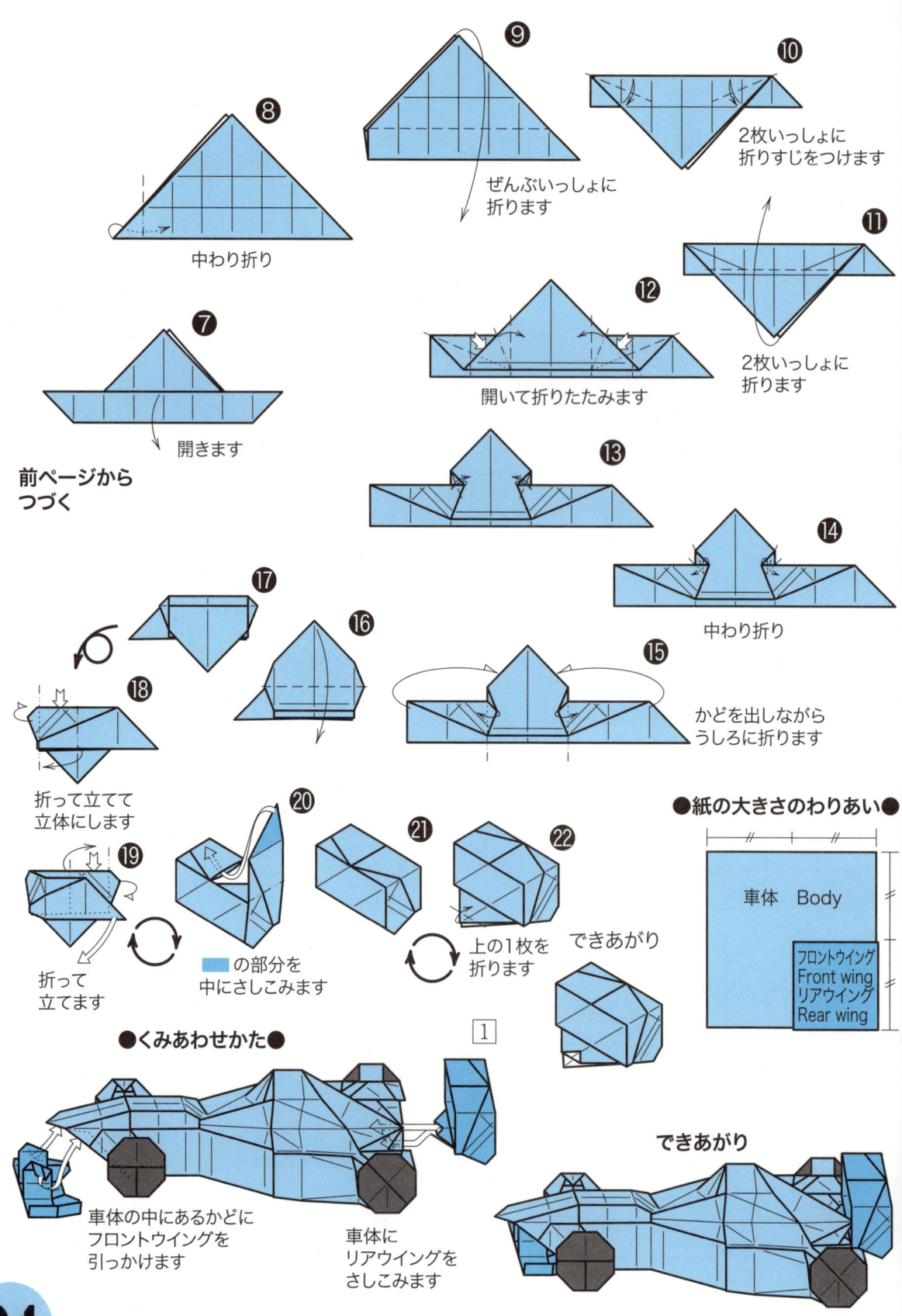

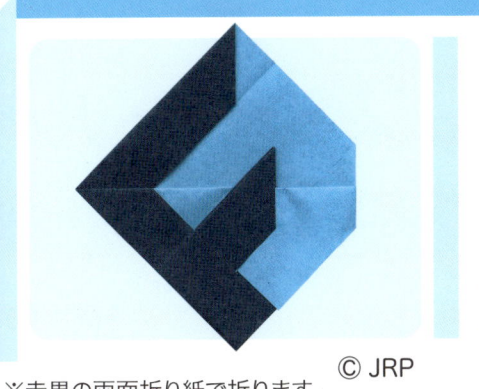

Mark of Formula Nippon

フォーミュラニッポンのマーク

フォーミュラニッポンは国内最高峰の自動車レースです。
頭文字の「F」と「n」がデザインされています。

使用枚数：1枚／正方形

© JRP

※赤黒の両面折り紙で折ります。
（Fが黒、nが赤になります）

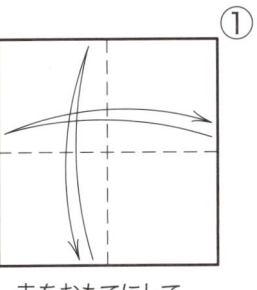

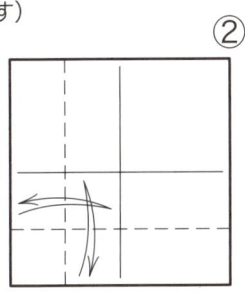

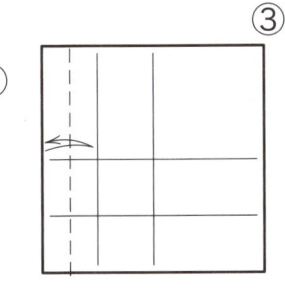

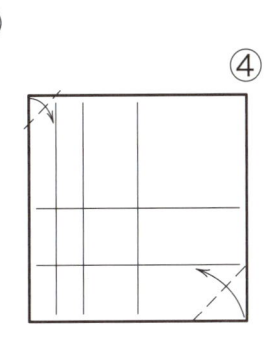

① 赤をおもてにして折り始めます

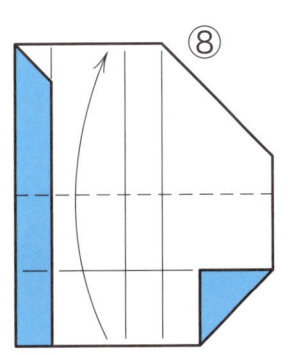

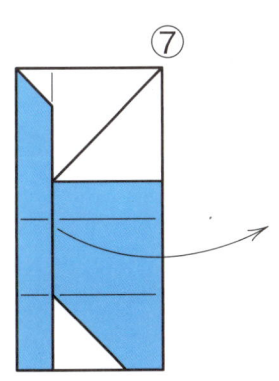

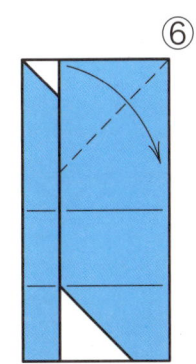

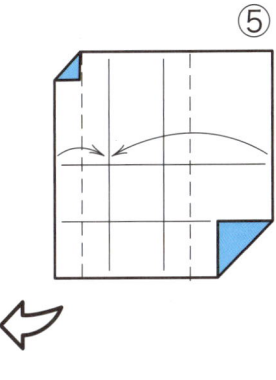

②

③

④

⑤

⑥

⑦ 開きます

⑧

⑨

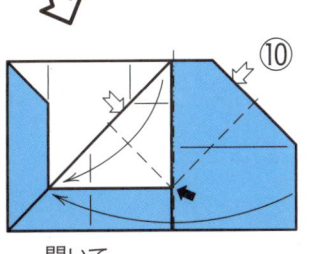

⑩ 開いて折りたたみます

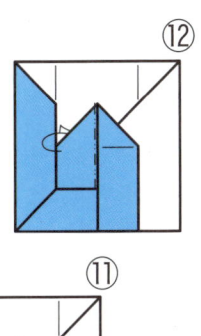

⑪

⑫

⑬ 下のかどを上にかぶせます

⑭

できあがり

おしゃれくうかん

リラックスくうかん

ナチュラルくうかん

エキサイトくうかん

新作家シリーズ2

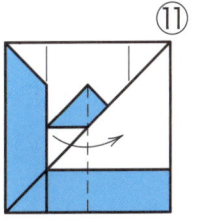

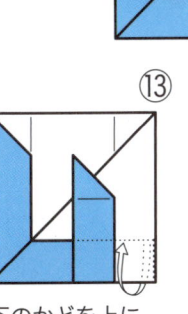

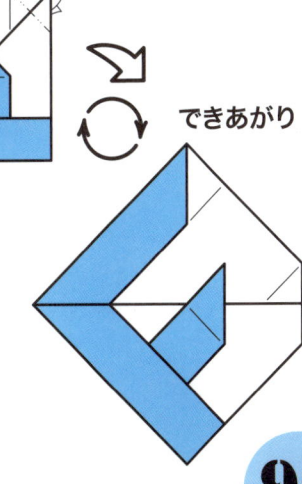

95

Space shuttle

スペースシャトル

図㉒で左右が傾いてずれないように注意しましょう。

使用枚数：1枚／正方形

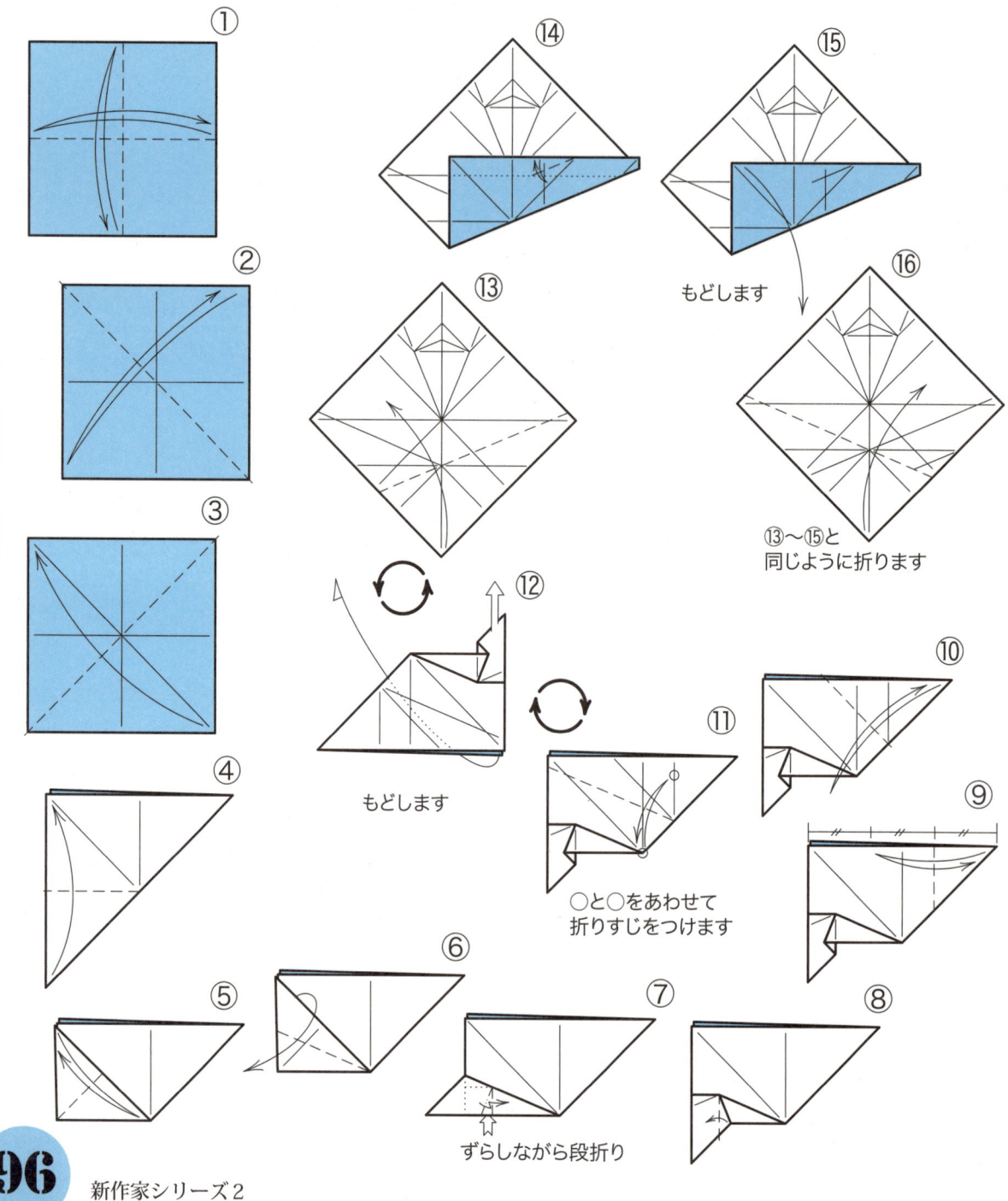

もどします

○と○をあわせて
折りすじをつけます

ずらしながら段折り

もどします

⑬〜⑮と
同じように折ります

⑲

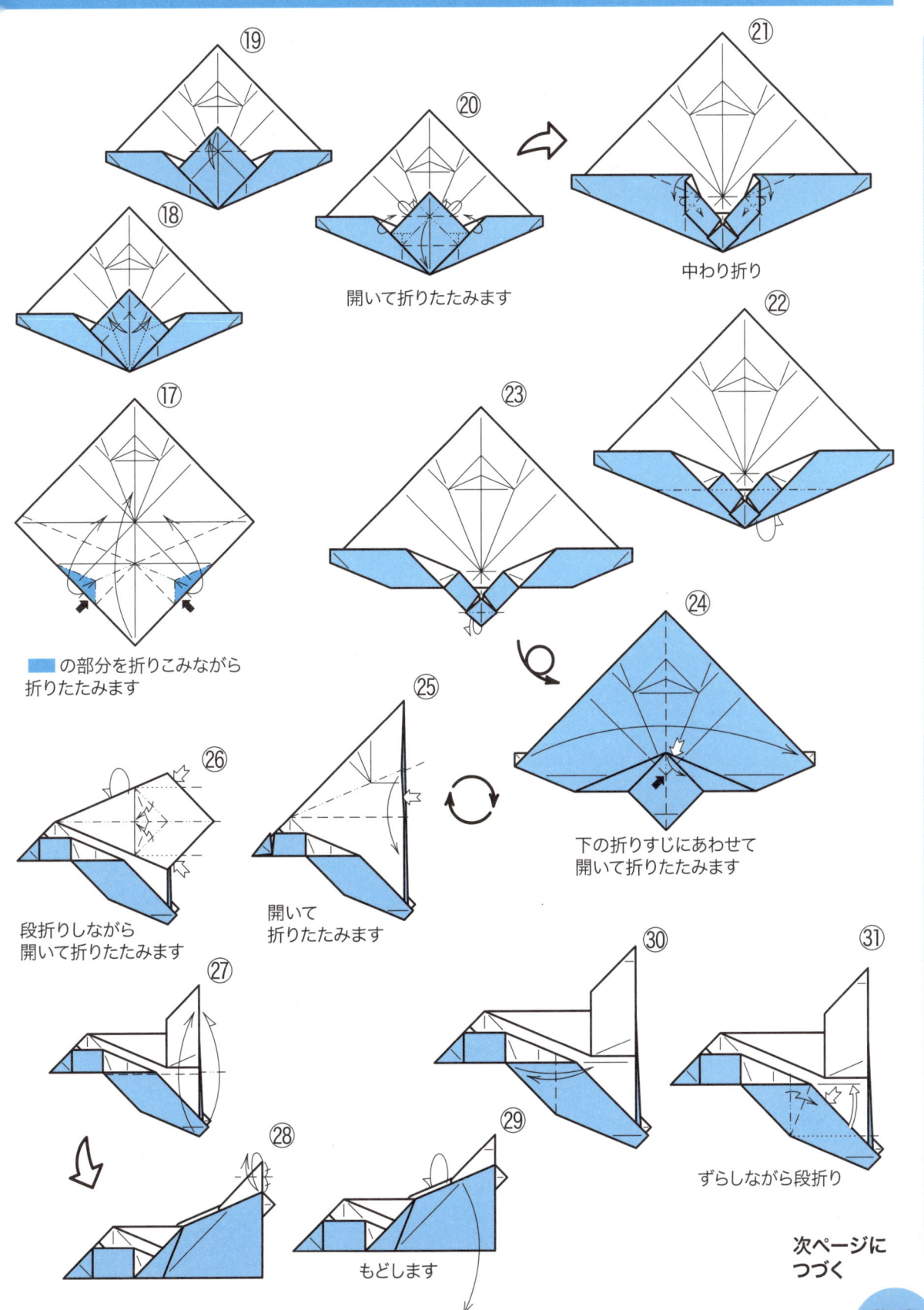

⑳
開いて折りたたみます

㉑
中わり折り

⑱

㉒

⑰

■の部分を折りこみながら
折りたたみます

㉓

㉔
下の折りすじにあわせて
開いて折りたたみます

㉖
段折りしながら
開いて折りたたみます

㉕
開いて
折りたたみます

㉗

㉘

㉙
もどします

㉚

㉛
ずらしながら段折り

次ページに
つづく

おしゃれくうかん ／ リラックスくうかん ／ ナチュラルくうかん ／ エキサイトくうかん

新作家シリーズ2

97

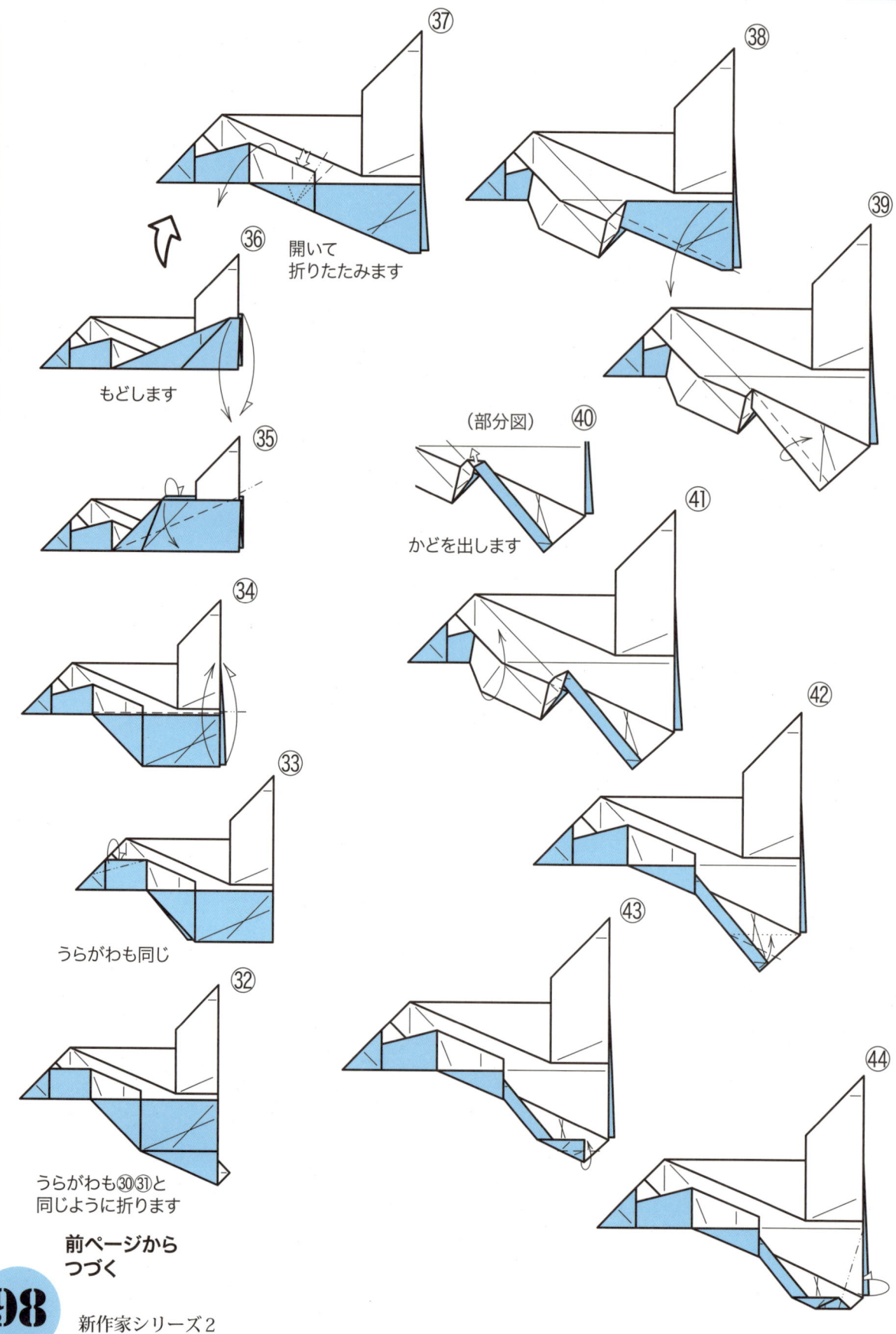

�37 開いて折りたたみます

㊱ もどします

�35

�34

�33 うらがわも同じ

㊳

㊴

（部分図）㊵ かどを出します

㊶

㊷

㊸

㊹

㊳

㉜ うらがわも㉚㉛と同じように折ります

**前ページから
つづく**

おしゃれ くうかん｜リラックスくうかん｜ナチュラルくうかん｜エキサイトくうかん

98　新作家シリーズ2

㊾

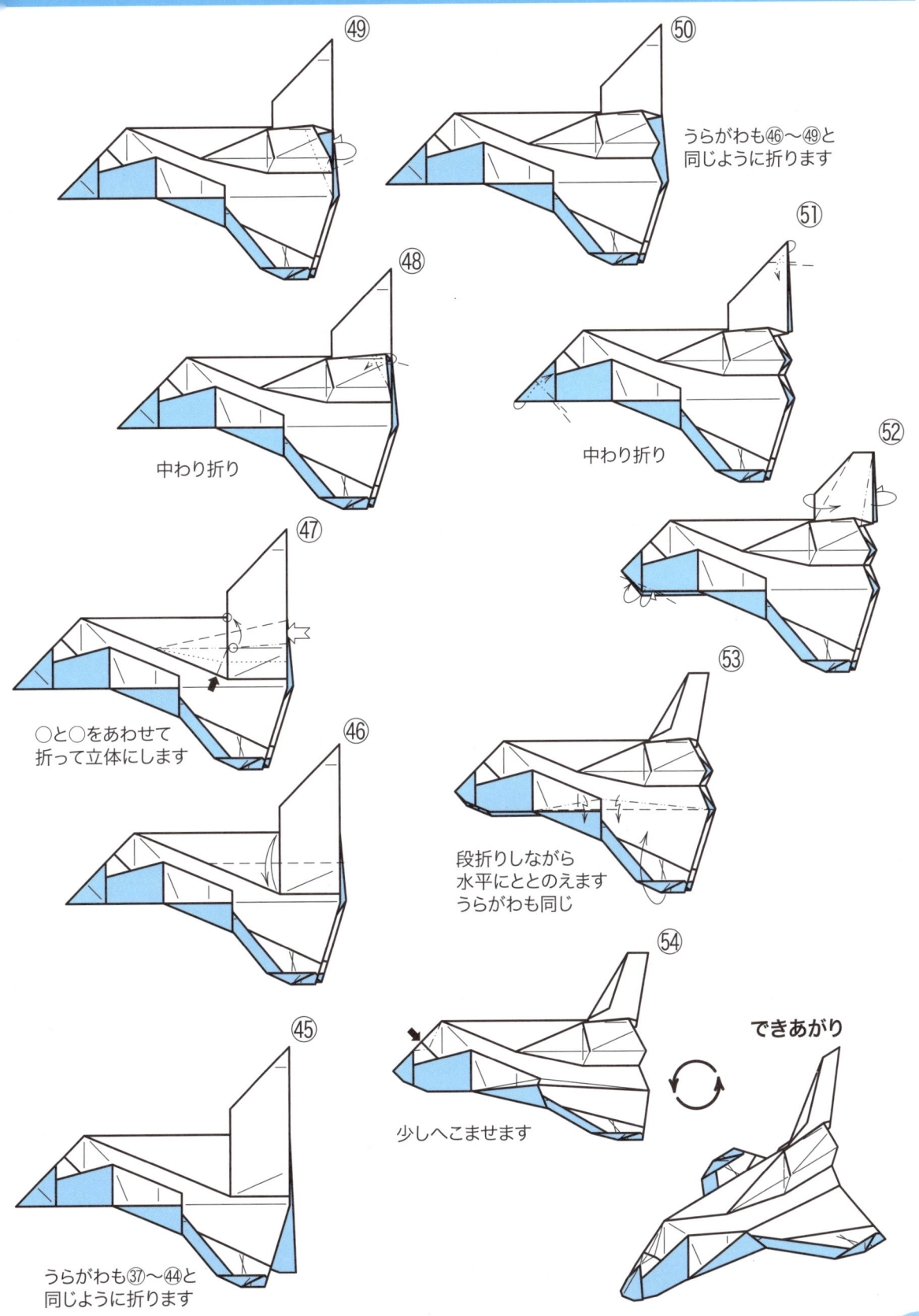

㊿ うらがわも㊻〜㊾と
同じように折ります

㊶

㊸ 中わり折り

㊷ 中わり折り

㊾

㊼ ○と○をあわせて
折って立体にします

㊻

㊾

㊸ 段折りしながら
水平にととのえます
うらがわも同じ

㊾ 少しへこませます

できあがり

㊺ うらがわも㊲〜㊹と
同じように折ります

おしゃれ くうかん｜リラックスくうかん｜ナチュラルくうかん｜エキサイトくうかん

99

新作家シリーズ2

TDF PO-1 Pointer

ポインター

テレビ映画「ウルトラセブン」で活躍したウルトラ警備隊のポインターです。102ページのように色をつけるとよりそれらしくなります。超難解ですがトリケラトプスやオートバイ、レーシングカーをクリアしたキミならきっとできる！

使用枚数：1枚／正方形

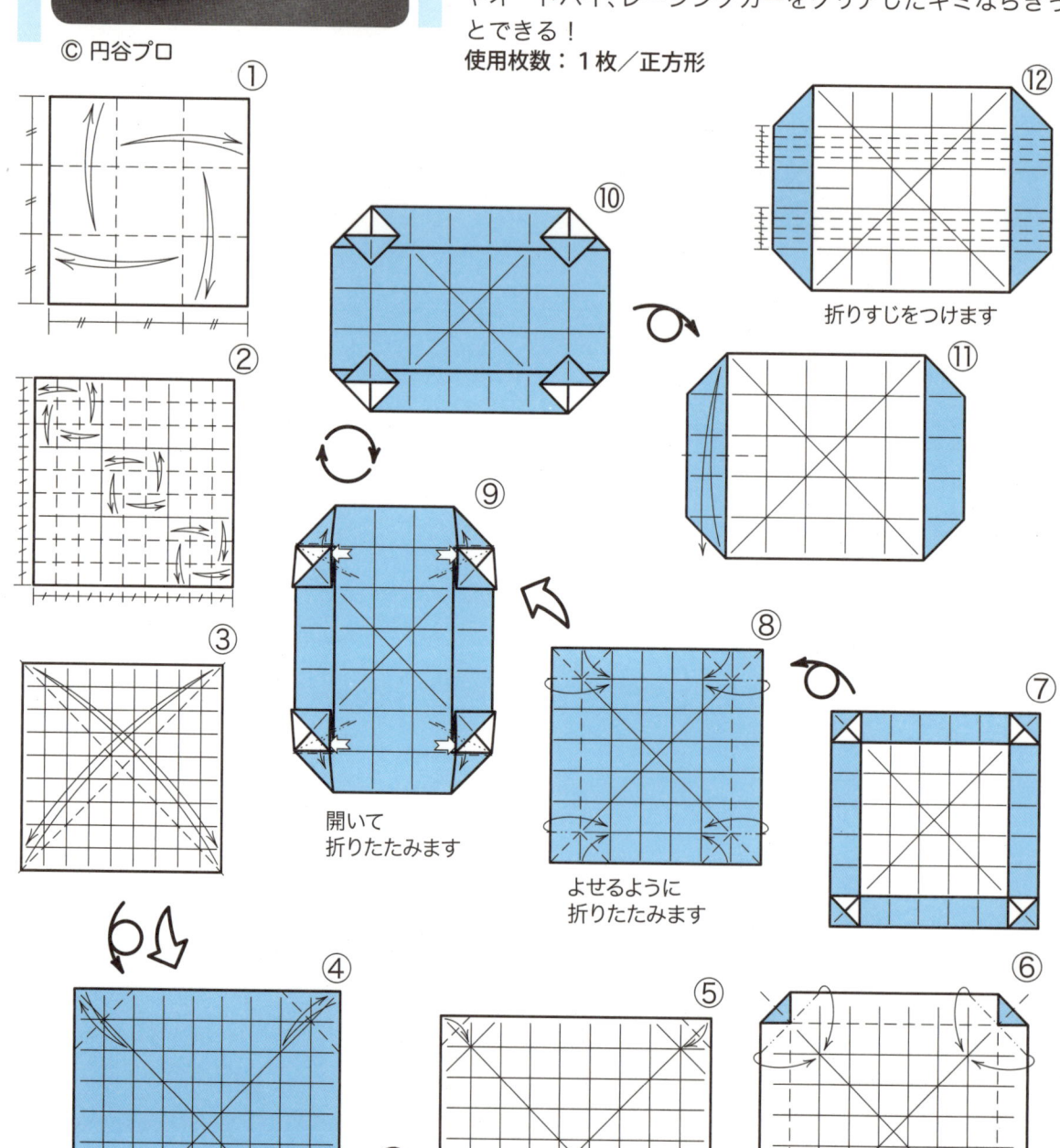

© 円谷プロ

①

②

③

④

⑤

⑥ よせるように折りたたみます

⑦

⑧ よせるように折りたたみます

⑨ 開いて折りたたみます

⑩

⑪

⑫ 折りすじをつけます

⑭

⑮
○と○をあわせて
折りすじをつけます

⑯
折りすじをつけます

⑬
○と○をあわせて
折りすじをつけます

⑱
よせるように折りながら
立体にします

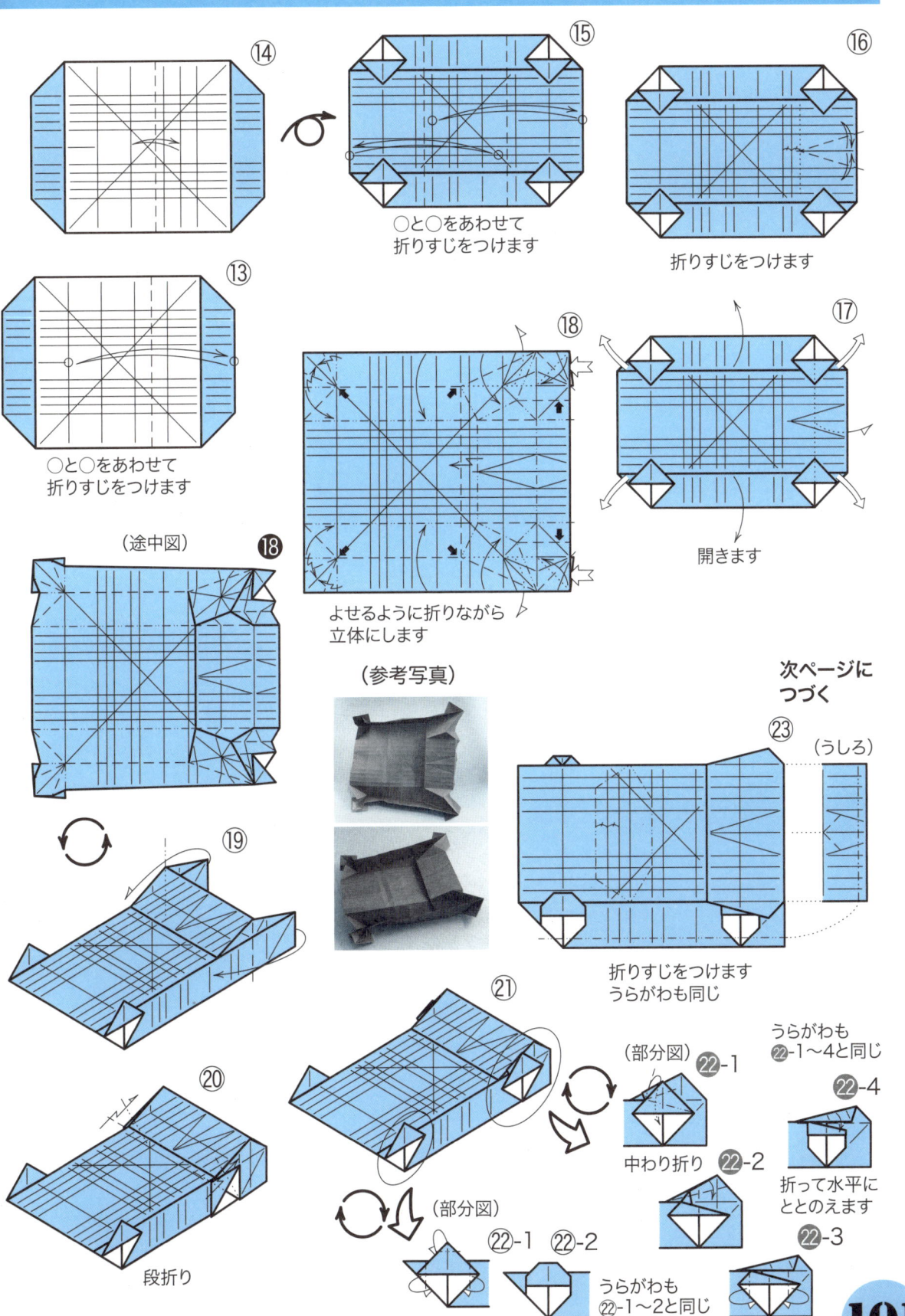

⑰
開きます

(途中図) ⑱

(参考写真)

次ページに
つづく

㉓
(うしろ)
折りすじをつけます
うらがわも同じ

⑲

⑳
段折り

㉑

(部分図)
㉒-1
中わり折り

㉒-2

㉒-3

㉒-4
折って水平に
ととのえます

うらがわも
㉒-1〜4と同じ

(部分図)
㉒-1 ㉒-2
うらがわも
㉒-1〜2と同じ

おしゃれ くうかん | リラックス くうかん | ナチュラル くうかん | エキサイト くうかん

101
新作家シリーズ2

（参考）

模様をかきましょう

できあがり

㉜ 三角に折って立てます

㉛（途中図）
折って形をととのえます

（正面から見たところ）㉛
よせるように折って形をととのえます

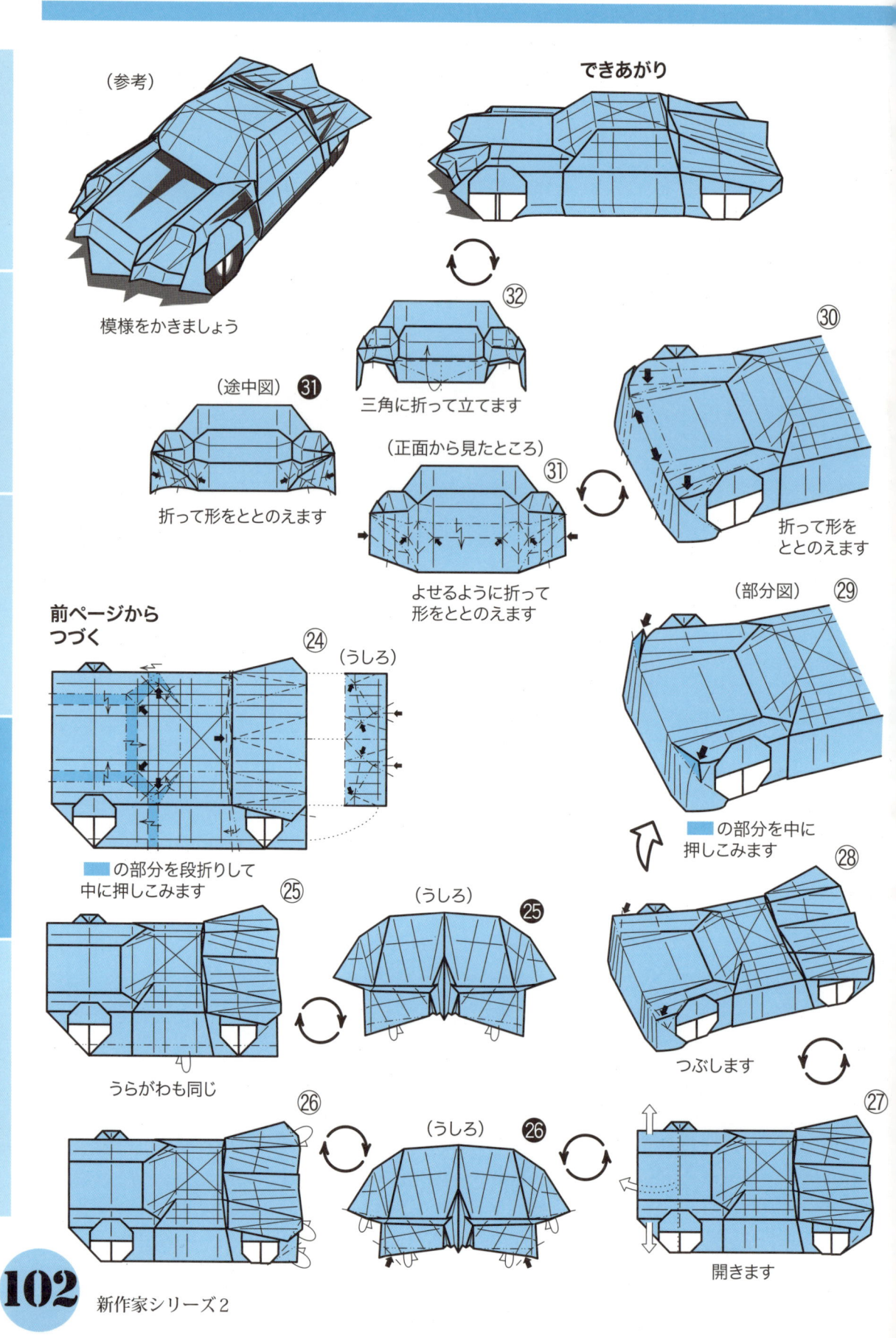

㉚ 折って形をととのえます

㉙（部分図）
■の部分を中に押しこみます

㉘ つぶします

㉗ 開きます

㉖

（うしろ）㉖

㉕
うらがわも同じ

（うしろ）㉕

前ページからつづく

㉔（うしろ）
■の部分を段折りして中に押しこみます

102 新作家シリーズ2

《お知らせ》 ～やさしさの輪をひろげる～

おりがみ

日本折紙協会の
アイドル
「ノアちゃん」

■日本折紙協会とは…

　1枚の紙から折り出される、花や動物…日本に古くから伝わる文化として一人一人の心の中にいきづいてきた折り紙のすばらしさは、いま、世界共通語「ORIGAMI」として、世界にはばたいています。

　趣味・教育・リハビリテーション効果などさまざまな可能性を持つ「折り紙」を、日本国内はもとより、世界の国々まで普及させよう、という思いから、1973年(昭和48年)10月27日、日本折紙協会が結成されました。

現在、日本折紙協会は、月刊「おりがみ」の発行や、「世界のおりがみ展」の開催をはじめ、さまざまな活動を行っています。

あなたもなかまに入りませんか…？

●月刊「おりがみ」
　会員の方々の楽しい創作作品をわかりやすい折り図で紹介。季節に合わせた折り紙が、毎月15～20点、あなたのレパートリーに加わります。毎月1日発行。(A4判・36頁)
　　年間購読料(年会費)：8,700円(税込み/送料サービス)

●世界のおりがみ展
　すべての情景を折り紙で制作したパノラマ作品の数々に、国内外の個人作品、折り紙専門書や折り紙用紙の販売コーナー、折り紙教室をくわえた「世界のおりがみ展」。全国各地のデパートを巡回中です。会員の方は、個人作品やパノラマ作品の制作に参加することができます。

●《折紙シンポジウム》の開催
　折り紙の学びの場、交流の場として、講演、部会、教室、展示、懇親会などを、1年に1度、2泊3日の日程で開催します。

●《おりがみの日記念イベント》の開催
　11月11日は「おりがみの日」。記念イベント「おりがみカーニバル」では、作品展や勉強会を行います。

●《折紙講師》《折紙師範》《上級折紙師範》認定制度
　折り紙の指導者を育成し、地域での折り紙活動を助成します。

●《日本折紙博物館》と提携
　日本折紙博物館(石川県加賀市)と提携、作品展示に協力しています。URL http://www.origami-hakubutsukan.ne.jp

日本折紙協会の会員になると…

折紙講師になれる!!
16歳以上の方は、「折紙講師」資格取得の途があります。
"おりがみ4か国語テキスト"に収録されている全ての作品を折っていただき、審査いたします。

おりがみ級がとれる!!
「おりがみ級制度」は、「月刊おりがみ」の指定作品の折り方の添削指導です。

支部(サークル)設置推進中!!
会員5名以上で、「支部(サークル)」を組織できます。

会員特典いろいろ／「世界のおりがみ展」入場無料(会員証をご提示ください)／協会発行単行本、取り扱い折り紙商品の割引購入(一部適用されない場合があります)／月刊「おりがみ」に創作作品を投稿できます／「世界のおりがみ展」「おりがみの日」など協会主催行事に作品を応募できます

NIPPON ORIGAMI ASSOCIATION 日本折紙協会
〒102-0076 東京都千代田区五番町12ドミール五番町2-064
TEL.03-3262-4764(代)　FAX.03-3262-4479
URL http://www.origami-noa.com/ 電子メール info@origami-noa.com

新作家シリーズ2

おりがみくうかん

2008年 7月 27日 初版発行

著　　者	青木　良
発　行　者	大橋　晧也
編集／発行	日本折紙協会

〒 102-0076
東京都千代田区五番町 12
ドミール五番町 2-064
TEL 03-3262-4764 （代）
FAX 03-3262-4479
URL http://www.origami-noa.com/
電子メール info@origami-noa.com （事務局）
　　　　　 henshubu@origami-noa.com （編集部）
郵便振替口座 00110-6-188035

印　刷・製　本　株式会社 東京印書館
折り図／デザイン／写真　青木　良・編集部

ISBN 978-4-931297-30-2　C2076

© Ryō Aoki, Nippon Origami Association　Printed in Japan 2008
本書掲載記事の無断転用を禁じます。
落丁・乱丁本は、お取り替えいたします。
No part of this publication may be copied or reproduced by any means without the express written permission of the publisher and the author.